Resumo dos Cursos do Collège de France

1970-1982

Michel Foucault

Resumo dos Cursos do Collège de France

1970-1982

Tradução:
ANDRÉA DAHER
Doutora em história pela
École des Hautes Études en Sciences Sociales
Professora de história, IFCS/UFRJ

Consultoria:
ROBERTO MACHADO
Doutor em filosofia pela
Universidade Católica de Louvain
Professor de filosofia, IFCS/UFRJ

ZAHAR

Tradução autorizada de "Résumé des cours *(1970-1982)*",
parte da obra *Dits et écrits* (4 vols.),
publicada em 1994 por Éditions Gallimard,
de Paris, França.

Jorge Zahar Editor Ltda.
rua Marquês de S. Vicente 99 – 1º
22451-041 Rio de Janeiro, RJ
tel (21) 2529-4750 | fax (21) 2529-4787
editora@zahar.com.br | www.zahar.com.br

Capa: Carol Sá
Composição: TopTextos Edições Gráficas

CIP-Brasil. Catalogação-na-fonte
Sindicato Nacional dos Editores de Livros, RJ

Foucault, Michel, 1926-1984
F86r Resumo dos cursos do Collège de France (1970-1982)/
Michel Foucault; tradução, Andréa Daher; consultoria,
Roberto Machado. — Rio de Janeiro: Zahar, 1997.

Tradução de: Résumé des cours (1970-1982)
ISBN 978-85-7110-425-9

1. Foucault, Michel, 1926-1984. 2. Filosofia francesa
I. Título.

CDD: 194
97-1345 CDU: 1(44)

Sumário

Nota preliminar

Na sessão de 30 de novembro de 1969, a Assembléia de Professores do Collège de France decide transformar a cadeira de *História do pensamento filosófico*, cujo titular fora Jean Hyppolite, em *História dos sistemas de pensamento*.

Michel Foucault é eleito para a cadeira em 12 de abril de 1970, inaugurando em 2 de dezembro seus cursos, que terão fim com sua morte, em 25 de junho de 1984.

Encontraremos neste volume o resumo de seus cursos, redigido pelo próprio Foucault para o *Annuaire* do Collège de France. Três anos de ensino estão faltando nesse período de quatorze anos, ao longo dos quais Michel Foucault fora Professor no Collège de France: de 1976 a 1977, período em que os cursos não ocorreram, e seus dois últimos anos de vida (1982-83, 1983-84), quando seu estado de saúde não mais lhe permitia prepará-los.

1970-1971

A vontade de saber

O curso deste ano inaugura uma série de análises que, fragmento por fragmento, procura constituir pouco a pouco uma "morfologia da vontade de saber". Esse tema da vontade de saber será analisado ora através de pesquisas históricas determinadas, ora por si mesmo e em suas implicações teóricas.

Este ano, tratava-se de situar o seu lugar e definir o seu papel numa história dos sistemas de pensamento; de fixar, ao menos provisoriamente, um modelo inicial de análise; de provar sua eficácia através de um primeiro conjunto de exemplos.

1. Pesquisas feitas anteriormente haviam possibilitado reconhecer um nível singular, dentre todos os que permitem analisar os sistemas de pensamento: o nível das práticas discursivas. Trata-se, nesse caso, de uma sistemática que não é de tipo lógico, nem de tipo lingüístico. As práticas discursivas caracterizam-se pelo recorte de um campo de projetos, pela definição de uma perspectiva legítima para o sujeito de conhecimento, pela fixação de normas para a elaboração de conceitos e teorias. Cada uma delas supõe, então, um jogo de prescrições que determinam exclusões e escolhas.

Ora, tais conjuntos de regularidades não coincidem com obras individuais; mesmo que se manifestem através delas, mesmo que aconteça de aparecerem, por uma primeira vez, em alguma delas, ultrapassam-nas largamente, e concentram, com freqüência, um considerável número delas. Mas também não coincidem obrigatoriamente com o que se costuma chamar ciências ou disciplinas, por mais que, às vezes, suas delimitações possam ser provisoriamente as mesmas. Ocorre com mais freqüência de uma prática discursiva reunir diversas disciplinas ou ciências, ou ainda de ela atravessar um determinado número dentre elas e de reagrupar numa unidade, por vezes não aparente, várias de suas regiões.

As práticas discursivas não são pura e simplesmente modos de fabricação de discursos. Ganham corpo em conjuntos técnicos, em instituições, em esquemas de comportamento, em tipos de transmissão e de difusão, em formas pedagógicas, que ao mesmo tempo as impõem e as mantêm.

Possuem, enfim, modos de transformação específicos. Não se pode reduzir essas transformações a uma descoberta individual e precisa; e, no entanto, não se deve se contentar em caracterizá-las como uma mudança global de mentalidade, de atitude coletiva ou de estado de espírito. A transformação de uma prática discursiva está ligada a todo um conjunto, por vezes bastante complexo, de modificações que podem ser produzidas tanto fora dela (em formas de produção, em relações sociais, em instituições políticas), quanto nela (nas técnicas de determinação dos objetos, no afinamento e no ajustamento dos conceitos, no acúmulo de informação), ou ainda ao lado delas (em outras práticas discursivas). E está ligada a elas pelo modo, não de um simples resultado, mas de um efeito que detém ao mesmo tempo sua própria autonomia, e um conjunto de funções precisas em relação àquilo que a determina.

Tais princípios de exclusão e de escolha — cuja presença é múltipla, cuja eficácia ganha corpo nas práticas, e cujas transformações são relativamente autônomas — não remetem a um sujeito de conhecimento (histórico ou transcendental) que os inventaria sucessivamente ou os fundaria num nível originário; antes de tudo, designam uma vontade de saber, anônima e polimorfa, suscetível de transformações regulares e considerada num jogo de dependência determinável.

Estudos empíricos sobre a psicopatologia, sobre a medicina clínica, sobre a história natural etc. haviam permitido isolar o nível das práticas discursivas. As características gerais dessas práticas e os métodos próprios para analisá-las haviam sido inventariados sob o nome de arqueologia. As pesquisas feitas sobre a vontade de saber deveriam poder oferecer, agora, a esse conjunto, uma justificação teórica. Por enquanto, pode-se indicar, de uma maneira muito geral, em que direções se deverá avançar: distinção entre saber e conhecimento; diferença entre vontade de saber e vontade de verdade; posição do e dos sujeitos em relação a essa vontade.

2. Para a análise da vontade de saber, poucos instrumentos conceituais foram elaborados até o momento. Utilizam-se, na maioria das vezes, noções extremamente desgastadas. Noções "antropológicas" ou psicológicas: curiosidade, necessidade de dominar ou de se apropriar pelo conhecimento, angústia diante do desconhecido, reações diante das ameaças do indiferenciado. Generalidades históricas, como o espírito de uma época, sua sensibilidade, seus tipos de interesse, sua concepção do mundo, seu sistema de valores, suas necessidades essenciais. Temas filosóficos, como o de um horizonte de racionalidade que se explicita através do tempo. Nada permite pensar, enfim, que as elaborações, ainda muito rudimentares, da psicanálise sobre as posições do sujeito e do objeto no desejo e no saber possam ser importadas tais quais no campo dos estudos históricos. É preciso admitir, sem dúvida, que os instrumentos que permitirão analisar a vontade de saber deverão ser constituídos e definidos, pouco a pouco, segundo as exigências e as possibilidades delineadas por estudos concretos.

A história da filosofia oferece modelos teóricos dessa vontade de saber, cuja análise pode permitir uma primeira demarcação. Dentre aqueles que deverão ser estudados e postos à prova — Platão, Spinoza, Schopenhauer, Aristóteles, Nietzsche etc. —, os dois últimos foram escolhidos, a princípio, e estudados este ano, na medida em que constituem duas formas extremas e opostas.

— O modelo aristotélico foi analisado, essencialmente, a partir dos textos da *Metafísica*, da *Ética a Nicômaco* e do *De anima*. Ele opera a partir do nível da sensação, estabelecendo o seguinte:

— uma ligação entre a sensação e o prazer;

— a independência dessa ligação no que diz respeito à utilidade vital que a sensação pode comportar;

— uma proporção direta entre a intensidade do prazer e a quantidade de conhecimento despendida pela sensação;

— a incompatibilidade entre a verdade do prazer e o erro da sensação.

A percepção visual, como sensação à distância de objetos múltiplos, dados simultaneamente, e que não estão em relação imediata com a utilidade do corpo, manifesta, na satisfação que leva consigo, a ligação entre conhecimento, prazer e verdade. Essa mesma relação é transposta para o outro extremo, na felicidade da contemplação teórica. O desejo de saber, que as primeiras linhas da *Metafísica* colocam como sendo, ao mesmo tempo, universal e natural, funda-se nesse pertencimento primeiro, que a sensação já manifesta. E é esse desejo de saber que assegura a passagem contínua desse primeiro tipo de conhecimento a outro, terminal, que se formula na filosofia. O desejo de conhecer supõe e transpõe, em Aristóteles, a relação prévia do conhecimento, da verdade e do prazer.

— Na *Gaia ciência*, Nietzsche define um conjunto de relações completamente diferentes:

— o conhecimento é uma "invenção", por trás da qual há outra coisa distinta: jogo de instintos, de impulsos, de desejos, de medo, de vontade de apropriação. É nessa cena de luta que o conhecimento vem a se produzir;

— produz-se não como efeito da harmonia, do equilíbrio feliz dessas relações, mas do ódio, do compromisso duvidoso e provisório que estabelecem, de um pacto frágil que estão sempre prestes a trair. Não é uma faculdade permanente, é um acontecimento, ou, ao menos, uma série de acontecimentos;

— é sempre servo, dependente, interessado (não em relação a si mesmo, de modo algum, mas àquilo que possa vir a interessar ao instinto ou aos instintos que o dominam);

— e, caso se dê como conhecimento da verdade, é por produzir a verdade através do jogo de uma falsificação primeira e sempre reconduzida, que coloca a distinção do verdadeiro e do falso.

O interesse é, portanto, posto radicalmente antes do conhecimento, fazendo com que lhe seja subordinado como um simples instrumento; o conhecimento dissociado do prazer e da felicidade está ligado à luta, ao ódio, à maldade, exercendo-se contra eles, a ponto até mesmo de renunciar a eles através de uma luta, de um ódio e de uma maldade suplementares; sua ligação originária com a verdade está desfeita, já que nele a verdade não passa de um efeito — e o efeito de uma falsificação que se nomeia oposição do verdadeiro e do falso. Esse modelo de um conhecimento fundamentalmente interessado, produzido como acontecimento do querer e determinando, por meio de falsificação, o efeito de verdade, encontra-se, sem sombra de dúvida, o mais longe possível dos postulados da metafísica clássica. Utilizado livremente, esse modelo foi aplicado ao longo deste ano, numa série de exemplos.

3. Essa série de exemplos foi tirada da história e das instituições arcaicas gregas. Provêm todos do domínio da justiça. Tratou-se de seguir uma evolução que se desenvolveu entre os séculos VII e V a.C. Essa transformação diz respeito à administração da justiça, à concepção do justo e às reações sociais ao crime.

Foram estudados, um por um:

— a prática do juramento nas contestações judiciárias e a evolução que vai do juramento-desafio dos pleiteantes que se expunham à vingança dos deuses ao juramento assertórico da testemunha, que deveria afirmar a verdade por tê-la visto e presenciado;

— a busca de uma justa medida, não somente nas trocas comerciais, mas nas relações sociais no interior da cidade, pela instituição da moeda;

— a busca de um "nomos", de uma justa lei de distribuição que assegure a ordem da cidade, fazendo com que nela reine uma ordem do mundo;

— os rituais de purificação após os assassinatos.

A distribuição da justiça foi, durante todo o período estudado, a questão central de importantes lutas políticas, que deram lugar, no final das contas, a uma forma de justiça ligada a um saber em que a verdade era posta como visível, constatável, mensurável, obedecendo a leis semelhantes às que regem a ordem do mundo, e cuja descoberta detém perante si mesmo um valor purificador. Esse tipo de afirmação da verdade deveria ser determinante na história do saber ocidental.

* * *

O seminário deste ano tinha como configuração geral o estudo da penalidade na França, no século XIX. Tratou-se dos primeiros desenvolvimentos de uma psiquiatria penal na época da Restauração. O material utilizado foi constituído, em grande parte, pelo texto dos pareceres médico-legais feitos pelos contemporâneos e discípulos de Esquirol.

1971-1972

Teorias e instituições penais

O curso deste ano deveria servir de preliminar histórica ao estudo das instituições penais (de maneira mais geral, dos controles sociais e dos sistemas punitivos) na sociedade francesa do século XIX. Este estudo inscreve-se em um projeto mais amplo, esboçado no ano anterior: seguir a formação de determinados tipos de saber, a partir das matrizes jurídico-políticas que os engendraram e que lhes servem de suporte. A hipótese de trabalho é a seguinte: as relações de poder (com as lutas que as atravessam ou as instituições que as mantêm) não desempenham, em relação ao saber, unicamente um papel de facilitação ou de obstáculo; não se contentam em favorecê-lo ou estimulá-lo, em falsificá-lo ou limitá-lo; poder e saber não estão ligados um ao outro pelo simples jogo dos interesses ou das ideologias; logo, o problema não consiste tão-somente em determinar como o poder faz com que o saber lhe seja subordinado e o faz servir a seus próprios fins, tampouco como se imprime sobre ele e lhe impõe conteúdos e limitações ideológicas. Nenhum saber se forma sem um sistema de comunicação, de registro, de acumulação, de deslocamento, que é em si mesmo uma forma de poder, e que está ligado, em sua existência e em seu funcionamento, às outras formas de poder. Nenhum poder, em compensação, se exerce sem a extração, a apropriação, a distribuição ou a retenção de um saber. Nesse nível, não há o conhecimento, de um lado, e a sociedade, do outro, ou a ciência e o Estado, mas as formas fundamentais do "poder-saber".

A *medida* havia sido analisada, no ano passado, como forma de "poder-saber" ligada à constituição da cidade grega. Este ano, o *inquérito* foi estudado da mesma maneira, em sua relação com a formação do Estado medieval; no ano que vem, abordaremos o *exame* como forma de poder-saber ligada aos sistemas de controle, de exclusão e de punição próprios às sociedades industriais. A *medida*, o *inquérito* e o *exame* foram todos três, em sua formação histórica, meios de exercer o poder e, ao mesmo tempo, regras de estabelecimento do saber. A *medida*: meio de estabelecer ou de restabelecer a ordem, e a ordem justa, no combate dos homens ou dos elementos; mas também, matriz do saber matemático e físico. O *inquérito*: meio de constatar ou de restituir os fatos, os acontecimentos, os atos, as propriedades, os direitos; mas, também, matriz dos saberes empíricos e das ciências da natureza. O *exame*: meio de fixar ou de restaurar a norma, a regra, a partilha, a qualificação, a exclusão; mas, também, matriz de todas as psicologias, sociologias, psiquiatrias, psicanálises, em suma, do que se chamam as ciências do homem. Sem dúvida, *medida*, *inquérito* e *exame* são atualizados simultaneamente em muitas práticas científicas, como um certo número de métodos puros e simples, ou mesmo de instrumentos rigorosamente controlados. É certo também que, nesse nível e nesse papel, tenham se separado de sua relação com as formas de poder. Mas, antes de figurarem juntos e, assim sendo, decantados no interior de domínios epistemológicos definidos, estiveram ligados à instalação de um poder político; eram, ao mesmo tempo, o efeito e o instrumento, correspondendo a *medida* a uma função de ordem, o *inquérito* a uma função de centralização, o *exame* a uma função de seleção e de exclusão.

O curso do ano letivo 71-72 foi, então, dividido em duas partes.

Uma delas dedicada ao estudo do *inquérito* e seu desenvolvimento ao longo da Idade Média. Deteve-se, especialmente, nas condições de seu aparecimento, no domínio da prática penal. Passagem do sistema da vingança ao da punição; da prática acusatória à prática inquisitória; do dano que provoca o litígio à infração que determina o procedimento judiciário; da decisão sob *provação* ao julgamento com *prova*; do combate que designa o vencedor, e marca o bom direito, à constatação que, apoiando-se sobre testemunhos, estabelece o fato. Todo esse conjunto de transformações está ligado ao nascimento de um Estado que tende a confiscar, de um modo cada vez mais rigoroso, a administração da justiça penal; e isso, na medida em que as funções de manutenção da ordem se concentram em suas mãos, e em que a fiscalização da justiça pela feudalidade havia inscrito a prática judiciária nos grandes circuitos de transferência das riquezas. Talvez a forma judiciária do *inquérito* tenha sido retirada do que subsistira das formas da administração carolíngia; mas, muito mais seguramente, dos modelos de gestão e de controle eclesiásticos. Desse conjunto de práticas dizem respeito: as questões características do inquérito (quem fez o quê? o fato é de notoriedade pública? quem viu e pode prestar testemunho? quais são os índices, quais são as provas? há alguma confissão?); as fases do inquérito (aquela que estabelece o fato, aquela que determina o culpado, aquela que estabelece as circunstâncias do ato); os personagens do inquérito (aquele que processa, aquele que denuncia, aquele que viu, aquele que nega ou confessa; aquele que deve julgar e tomar a decisão). Esse modelo judiciário do inquérito repousa sobre todo um sistema de poder; é esse sistema que define o que deve ser constituído como saber; como, de quem, e por quem é extraído; de que maneira desloca-se e transmite-se; em que ponto acumula-se e dá lugar a um julgamento ou a uma decisão.

Esse modelo "inquisitorial", deslocado e pouco a pouco transformado, vai constituir, a partir do século XIV, uma das instâncias de formação das ciências empíricas. O inquérito, ligado ou não à experimentação ou à viagem, mas fortemente oposto à autoridade da tradição e à decisão da provação simbólica, se encontrará atualizado nas práticas científicas (magnetismo, por exemplo, ou história natural), teorizado na reflexão metodológica

(Bacon, o administrador), transposto em tipos discursivos (o Inquérito, como forma de análise, em oposição ao Ensaio, à Meditação, ao Tratado). Pertencemos a uma civilização inquisitória, que há séculos pratica, segundo formas cada vez mais complexas, porém todas derivadas do mesmo modelo, a extração, o deslocamento, o acúmulo do saber. A inquisição: forma de poder-saber essencial à nossa sociedade. A verdade por experiência é filha da inquisição — do poder político, administrativo, judiciário de levantar questões, de extorquir as respostas, de recolher testemunhos, de controlar afirmações, de estabelecer fatos — como a verdade das medidas e das proporções era filha da *Dikè*.

Chegou o dia, muito cedo, em que o empirismo esquecera e recobrira seu começo. *Pudenda origo*: opôs a serenidade do inquérito à tirania da Inquisição, o conhecimento desinteressado à paixão do sistema inquisitório: e em nome das verdades por experiência foi acusada de parir em seus suplícios os demônios que ela mesma pretendia rechaçar; mas a Inquisição foi somente uma das formas — e durante muito tempo a mais aperfeiçoada — do sistema inquisitório, que é uma das matrizes jurídico-políticas mais importantes de nosso saber.

A outra parte do curso foi dedicada ao aparecimento, na França do século XVII, de novas formas de controle social. A prática massiva da reclusão, o desenvolvimento do aparelho policial, a vigilância das populações preparam a constituição de um novo tipo de poder-saber, que tomaria a forma do exame. É o estudo desse tipo novo, das funções e das formas que assumiu, no século XIX, que deverá ser empreendido ao longo do ano 1972-73.

* * *

No seminário das segundas-feiras, seguimos o estudo das práticas e dos conceitos médico-legais, no século XIX. Um caso foi levantado para ser analisado de maneira detalhada, visando uma publicação ulterior.

Pierre Rivière: assassino pouco conhecido do século XIX; aos 20 anos, degolou a mãe, o irmão e a irmã; depois de haver sido preso, redigiu um memorando explicativo, submetido então aos juízes e médicos encarregados da perícia psiquiátrica. Esse memorando, publicado parcialmente em 1836 numa revista médica, foi encontrado, em seu texto integral, por J.-P. Peter, com a maioria dos documentos constituintes do dossiê. É a partir desse conjunto que se preparou a publicação, que conta com a participação de R. Castel, G. Deleuze, A. Fontana, J.-P. Peter, P. Riot e Mlle Saison.

Dentre todos os dossiês de psiquiatria penal de que se pode dispor, esse atraiu particularmente a atenção, por diversas razões: a existência, sem dúvida, do memorando redigido pelo assassino, jovem camponês normando, cujo meio social parecia considerá-lo no limite da imbecilidade; o conteúdo desse memorando (a primeira parte é dedicada ao relato, extremamente meticuloso, de todos os contratos, conflitos, arranjos, promessas, rupturas que possam ter ligado ou oposto a família de seu pai e a de sua mãe, desde quando feitos os planos de casamento, surpreendente documento de etnologia camponesa; na segunda parte de seu texto, Pierre Rivière explica as "razões" de seu gesto); o depoimento relativamente detalhado das testemunhas, todos habitantes do lugarejo, fornecendo suas impressões sobre as "esquisitices" de Pierre Rivière; uma série de perícias psiquiátricas, representando cada uma delas estratos bem definidos de saber médico: uma redigida por um médico campesino, a outra por um médico de Caen, e outras, enfim, redigidas pelos grandes psiquiatras parisienses da época (Esquirol, Orfila etc.); finalmente, a data do acontecimento (começo da psiquiatria criminológica, grandes debates públicos entre psiquiatras e juristas sobre o conceito de monomania, extensão das circunstâncias atenuantes à prática judiciária, publicação dos memorandos de Lacenaire e aparecimento do grande criminoso na literatura).

1972-1973
A sociedade punitiva

No regime penal da idade clássica, podem-se encontrar, mescladas, quatro grandes formas de tática punitiva — quatro formas que possuem origens históricas diferentes, que desempenharam, cada uma delas, segundo as sociedades e as épocas, um papel senão exclusivo, pelo menos privilegiado.

1. Exilar, rechaçar, banir, expulsar para fora das fronteiras, interditar determinados lugares, destruir o lar, apagar o lugar de nascimento, confiscar os bens e as propriedades.

2. Organizar uma compensação, impor um resgate, converter o dano provocado em dívida a ser paga, converter o delito em obrigação financeira.

3. Expor, marcar, ferir, amputar, fazer uma cicatriz, deixar um sinal no rosto ou no ombro, impor uma diminuição artificial e visível, supliciar, em suma, apoderar-se do corpo e nele inscrever as marcas do poder.

4. Enclausurar.

A título de hipótese, pode-se distinguir, segundo os tipos de punição privilegiados, sociedades de banimento (sociedade grega), sociedades de resgate (sociedades germânicas), sociedades de marcagem (sociedades ocidentais do final da Idade Média), e sociedades que enclausuram (a nossa?).

A nossa, somente a partir do final do século XVIII. Pois, uma coisa é certa: a detenção, o encarceramento não fazem parte do sistema penal europeu antes das grandes reformas dos anos

1780-1820. Os juristas do século XVIII são unânimes quanto a esse ponto: "a prisão não é vista como uma pena de acordo com nosso direito civil... por mais que os Príncipes, por razões de Estado, se comportem muitas vezes de modo a infligir essa pena, trata-se de manifestações de autoridade, e a justiça ordinária não costuma usar esses tipos de condenações" (Serpillon, *Code criminel*, 1767). Mas já se pode dizer que essa insistência em *recusar* a atribuir todo e qualquer caráter penal ao encarceramento indica uma incerteza crescente. Em todo caso, as reclusões praticadas durante os séculos XVII e XVIII permanecem à margem do sistema penal, por mais que lhe fossem muito próximas, e que não deixassem de sê-lo cada vez mais:

— Prisão-fiança, praticada pela justiça durante a instrução de um caso criminal pelo credor até o pagamento da dívida, ou pelo poder real, ao temer um inimigo. Trata-se menos de punir uma falta do que de apoderar-se de uma pessoa.

— Prisão-substituto, que é imposta àquele que não é passível da justiça criminal (seja por causa da natureza de suas faltas, que são apenas da ordem da moralidade ou da conduta; seja por um privilégio de estatuto: os tribunais eclesiásticos, que, desde 1629, não mais possuem o direito de promulgar penas de prisão no sentido estrito, podem ordenar ao culpado de retirar-se num convento; a *lettre de cachet* é, muitas vezes, um meio que permite ao privilegiado escapar à justiça criminal; as mulheres são enviadas às *maisons de force* por faltas que os homens, por sua vez, expiarão nas galés).

É preciso notar que (a não ser nesse último caso) essa prisão-substituto caracteriza-se, em geral, pelo fato de não ser decidida pelo poder judiciário, de sua duração não ser fixada de uma vez por todas e de não depender de um fim hipotético: a correção. Mais punição do que pena.

Ora, uns cinqüenta anos após os grandes monumentos do direito criminal clássico (Serpillon, Jousse, Mumpart de Vouglans), a prisão tornou-se a forma geral de penalidade.

Em 1831, Rémusat, numa intervenção na Câmara, dizia: "O que é o sistema de penalidade admitido pela nova lei? É o encarceramento sob todas as suas formas. Comparem, de fato, as quatro penas principais que restam no código penal. Os trabalhos forçados são uma forma de encarceramento. A penitenciária para trabalhos forçados é uma prisão ao ar livre. A detenção, a reclusão, o encarceramento correcional não passam, em todo caso, de nomes diversos para um mesmo castigo." E Van Meenen, abrindo o segundo congresso penitenciário em Bruxelas, lembrava o tempo de sua juventude, quando a terra encontrava-se ainda recoberta de "rodas de suplício, forcas, cadafalsos e pelourinhos", com "esqueletos horrendamente estendidos". Tudo ocorre como se a prisão, punição parapenal, tivesse penetrado, no final do século XVIII, no interior da penalidade e tivesse ocupado muito rapidamente todo o espaço. Dessa invasão logo triunfante, o código penal austríaco, redigido sob José II, nos fornece o testemunho mais manifesto.

A organização de uma penalidade de enclausuramento não é simplesmente recente; é enigmática.

No exato momento em que era planejada, constituía também o objeto de violentas críticas. Críticas formuladas a partir de princípios fundamentais. Mas também formuladas a partir de todos os disfuncionamentos que a prisão podia induzir no sistema penal e na sociedade em geral.

1. A prisão impede o poder judiciário de controlar e de verificar a aplicação das penas. A lei não penetra nas prisões, dizia Decazes, em 1818.

2. A prisão, misturando os condenados, ao mesmo tempo diferentes e isolados entre si, constitui uma comunidade homogênea de criminosos que se tornam solidários no enclausuramento e que permanecerão no exterior. A prisão fabrica um verdadeiro exército de inimigos interiores.

3. Dando um abrigo, comida, roupas e, freqüentemente, trabalho aos condenados, a prisão lhes assegura um destino por

vezes preferível ao dos operários de uma maneira geral. Pode não somente não ter efeito de dissuasão, como também atrair à delinqüência.

4. Os hábitos e a infâmia que marcam as pessoas que saem da prisão fazem com que sejam definitivamente fadadas à criminalidade.

Logo, a prisão é imediatamente denunciada como um instrumento que, às margens da justiça, fabrica aqueles que essa mesma justiça mandará encarcerar, uma ou mais vezes. O círculo carcerário é claramente denunciado, desde os anos 1815-30. A tais críticas, foram dadas, sucessivamente, três respostas:

— Imaginar uma alternativa à prisão que mantivesse os efeitos positivos (a segregação dos criminosos, sua colocação fora de circuito em relação à sociedade) e que suprimisse suas conseqüências perigosas (recolocá-los em circulação). Para isso, retoma-se o velho sistema da transportação que os ingleses haviam interrompido no momento da guerra de independência, restaurando-o após 1790, agora em direção à Austrália. As grandes discussões em torno de Botany Bay ocorreram na França, por volta dos anos 1824-30. De fato, a deportação-colonização nunca substituirá a prisão; na época das grandes conquistas coloniais, ela desempenhará um papel complexo nos circuitos controlados da delinqüência. Todo um conjunto constituído por grupos de colonos, mais ou menos voluntários, os regimentos coloniais, os batalhões d'África, a legião estrangeira, Caiena, virá a funcionar, ao longo do século XIX, em correlação com uma penalidade que permanecerá essencialmente carcerária.

— Reformar o sistema interno da prisão, para que ela cessasse de fabricar esse exército de perigos internos. Tal fora o objetivo designado através de toda a Europa como a "reforma penitenciária". É possível estabelecer como marcos cronológicos, por um lado, as *Lições sobre as prisões* de Julius (1830), e por outro, o Congresso de Bruxelas, em 1847. Essa reforma compreende três aspectos principais: isolamento completo ou parcial dos detentos no interior das prisões (discussões em torno dos sistemas de Aubuzn e da Pensilvânia), moralização dos condenados através do trabalho, da instrução, da religião, de recompensas, de reduções de penas; desenvolvimento das instituições parapenais de prevenção, de recuperação, ou de controle. Ora, essas reformas, a que as revoluções de 48 deram fim, não modificaram em nada os disfuncionamentos da prisão denunciados no período precedente.

— Finalmente, dar um estatuto antropológico ao círculo carcerário; substituir o velho projeto de Julius e Charles Lucas (fundar uma "ciência das prisões", capaz de fornecer os princípios arquitetônicos, administrativos, pedagógicos de uma instituição que "corrige") por uma "ciência dos criminosos", que possa caracterizá-los em sua especificidade e definir os modos de reação social adaptados a seu caso. A classe dos delinqüentes — à qual o circuito carcerário concedia ao menos uma parte de sua autonomia, e cujo isolamento e enclausuramento era ao mesmo tempo assegurado — aparece, então, como desvio psicossociológico. Desvio que provém de um discurso "científico" (onde vão se precipitar análises psicopatológicas, psiquiátricas, psicanalíticas, sociológicas); desvio sobre o qual será levantada a questão se a prisão constitui precisamente uma resposta ou um tratamento apropriado.

Aquilo que, no início do século XIX, e com outras palavras, criticava-se em relação à prisão (constituir uma população "marginal" de "delinqüentes") é tomado hoje como fatalidade. Não somente é aceito como um fato, como também é constituído como dado primordial. O efeito "delinqüência" produzido pela prisão torna-se problema da delinqüência, ao qual a prisão deve dar uma resposta adequada. Reversão criminológica do círculo carcerário.

* * *

A questão a ser colocada é a de como essa reversão foi possível; como efeitos denunciados e criticados puderam, no final das contas, ser endossados como dados fundamentais para uma análise científica da criminalidade; como foi possível que a prisão, instituição recente, frágil, criticável e criticada, tenha podido penetrar no campo institucional como uma profundidade tal que o mecanismo de seus efeitos tenha podido apresentar-se como uma constante antropológica; qual é, finalmente, a razão de ser da prisão, a que exigência funcional veio responder.

Uma visão equivocada da gênese "ideológica" da instituição torna mais necessário ainda levantar essa questão e, principalmente, tão difícil respondê-la. Poder-se-ia pensar, com efeito, que a prisão fora denunciada, e muito cedo, em suas conseqüências práticas; que estava tão fortemente ligada à nova teoria penal (a que preside à elaboração do código do século XIX), que foi preciso aceitá-la com ela; ou, ainda, que seria preciso pôr essa teoria em prática, integralmente, se se quisesse fazer uma crítica radical da prisão.

Ora, desse ponto de vista, o exame das teorias penais da segunda metade do século XVIII fornece resultados bastante surpreendentes. Dos grandes reformadores, sejam eles teóricos como Beccaria, juristas como Servan, legisladores como Le Pelletier de Saint-Fargeau, assim como Brissot, nenhum deles propõe a prisão como pena universal, nem mesmo como pena maior. De um modo geral, em todas essas elaborações o criminoso é definido como o inimigo da sociedade. Nisso, os reformadores retomam e transformam aquilo que fora o resultado de toda uma evolução política e institucional desde a Idade Média: a substituição do acerto de contas por meio de litígio por um procedimento judiciário de caráter público. O procurador do rei, ao intervir, designa a infração não somente como dano a uma pessoa ou a um interesse privado, mas como atentado à soberania do rei. Ao comentar as leis inglesas, Blackstone diz que o procurador defende, ao mesmo tempo, a soberania do rei e os interesses da sociedade. Em suma, os reformadores, em sua grande maioria, a partir de Beccaria, procuraram definir a noção de crime, o papel da parte pública e a necessidade de uma punição, partindo tão-somente do interesse da sociedade ou unicamente da necessidade de protegê-la. O criminoso lesa, antes de tudo, a sociedade; ao romper o pacto social, passa a constituir-se nela como um inimigo interno. Desse princípio geral deriva um certo número de conseqüências:

1. Cada sociedade, segundo as suas próprias necessidades, deverá modular a escala das penas. O castigo não derivando da própria falta, mas sim do dano causado à sociedade ou do perigo que ela a faz correr, quanto mais uma sociedade for fraca, melhor deverá estar previamente munida, mais lhe será preciso se mostrar severa. Logo, não há modelo universal da penalidade, relatividade essencial das penas.

2. Se a pena fosse expiação, não haveria mal em ser forte demais; em todo caso, seria difícil estabelecer uma justa proporção entre ela e o crime. Mas, se se trata de proteger a sociedade, ela pode ser calculada de modo a garantir exatamente essa função: para além disso, toda severidade suplementar torna-se abuso de poder. A justiça da pena está em sua economia.

3. O papel da pena está inteiramente voltado para o exterior e para o futuro: impedir que o crime recomece. A rigor, um crime que fosse considerado com certeza o último não deveria ser punido. Portanto, a pena visa pôr o culpado fora de condição de causar prejuízo, e desviar os inocentes de toda infração semelhante. A certeza da pena, seu caráter inevitável, mais do que toda severidade, constitui, aqui, sua eficácia.

Ora, a partir de tais princípios, não é possível deduzir o que acontecerá, efetivamente, na prática penal, ou seja, a universalização da prisão como forma geral do castigo. Vê-se surgir, ao contrário, modelos punitivos muito diferentes.

— Um deles é articulado à infâmia, ou seja, aos efeitos de opinião pública. A infâmia é uma pena perfeita, visto ser a reação imediata e espontânea da própria sociedade: varia com cada sociedade; é graduada segundo a nocividade de cada crime; pode ser revogada por uma reabilitação pública; enfim, atinge unicamente o culpado. É, portanto, uma pena que se ajusta ao crime sem ter de passar por um código, sem ter de ser aplicada por um tribunal, sem risco de ser desviada por um poder político. É precisamente adequada aos princípios da penalidade. "O triunfo de uma boa legislação ocorre quando a opinião pública é suficientemente forte para punir por si só os delitos... Feliz o povo em que o sentimento de honra pode ser a única lei. Não precisa quase de legislação. A infâmia é seu código penal."

— Um outro modelo utilizado em projetos de reformas é o modelo do talião. Ao impor ao culpado um castigo de mesmo tipo e gravidade que o crime, é seguro obter-se uma penalidade ao mesmo tempo graduada e exatamente proporcional. A pena toma a forma de um contra-ataque. E, caso seja repentino e inevitável, anula quase automaticamente as vantagens esperadas pelo infrator, tornando inútil o crime. O benefício do delito é brutalmente zerado. Sem dúvida, o modelo do talião nunca foi proposto sob uma forma detalhada; mas, inúmeras vezes, permitiu definir tipos de punição. Beccaria, por exemplo: "os atentados contra as pessoas devem ser punidos com penas corporais"; "as injúrias pessoais contra a honra devem ser pecuniárias". Pode ser encontrado também sob a forma de um "talião moral": punir o crime, não revertendo, de modo algum, seus efeitos, porém voltando-se para as origens e para os vícios que tem como causa. Le Pelletier de Saint-Fargeau propunha à Assembléia Nacional (21 de maio de 1791): "a dor física para punir os crimes cuja atrocidade é o princípio; o trabalho penoso para punir os crimes cuja indolência é o princípio; a infâmia para punir os crimes inspirados por uma alma 'abjeta e degradada'."

— Enfim, terceiro modelo, a escravização em benefício da sociedade. Essa pena pode ser graduada, em sua intensidade e em sua duração, segundo o prejuízo causado à coletividade. Liga-se à falta por intermédio desse interesse lesado. Beccaria, a respeito dos ladrões: "a escravidão temporária coloca o trabalho e a pessoa do culpado a serviço da sociedade para que esse estado de dependência total a compense pelo despotismo injusto exercido por ele ao violar o pacto social." Brissot: "o que substituir à pena de morte? A escravidão que põe o culpado fora de condição de causar prejuízo à sociedade; o trabalho que o torna útil; a dor longa e permanente que amedronta aqueles que ficariam tentados a imitá-la."

Evidentemente, em todos esses projetos, a prisão figura, muitas vezes, como uma das penas possíveis: seja como condição do trabalho forçado, seja como pena de talião para aqueles que atentaram contra a liberdade alheia. Porém, não aparece como a forma geral da penalidade, nem como a condição de uma transformação psicológica e moral do delinqüente.

Durante os primeiros anos do século XIX, os teóricos passarão a atribuir esse papel à prisão. "O encarceramento é a pena por excelência nas sociedades civilizadas. Sua tendência é moral, quando acompanhado da obrigação do trabalho" (P. Rossi, 1829). Mas, nessa época, a prisão já existe como instrumento maior da penalidade. A prisão, lugar de correção, é uma reinterpretação de uma prática de encarceramento que se havia propagado, de fato, nos anos precedentes.

* * *

A prática da prisão não estava, portanto, implicada na teoria penal. Originou-se fora dela e formou-se por outras razões. Num certo sentido, impôs-se do exterior à teoria penal, que se verá na obrigação de justificá-la *a posteriori*, o que será feito por Livingston, por exemplo, em 1820, dizendo que a pena de prisão tem a quádrupla vantagem de poder dividir-se em quantos forem os níveis de gravidade dos delitos: impedir a reincidência, permitir a correção, ser suficientemente leve para que os jurados não hesitem em aplicar a punição e permitir com que o povo não se revolte contra a lei.

Para compreender o funcionamento real da prisão sob seu disfuncionamento aparente, e seu sucesso profundo sob seus malogros de superfície, é preciso, sem dúvida, retornar à análise das instâncias de controle parapenais nas quais figurou, como vimos, no século XVII e, principalmente, no século XVIII.

Nessas instâncias, a reclusão desempenha um papel que comporta três características distintas:

— Intervém na distribuição espacial dos indivíduos, pelo encarceramento temporário dos mendigos e vagabundos. Sem dúvida, as ordenações (fins dos séculos XVII e XVIII) os condenam às galés, pelo menos em caso de reincidência. Mas a reclusão permanece, de fato, a punição mais freqüente. Ora, se são enclausurados, é menos para fixar-lhes ali onde estão retidos, do que para deslocá-los: proibir-lhes de circular nas cidades, mandá-los para o campo, ou, ainda, impedi-los de perambular numa região, forçá-los a irem para onde se lhes possa dar um trabalho. É uma maneira pelo menos negativa de controlar sua inserção no aparelho de produção agrícola ou manufatureira; uma maneira de agir sobre o fluxo de população, tendo em conta, ao mesmo tempo, as necessidades da produção e do mercado de empregos.

— A reclusão intervém também no que diz respeito à conduta dos indivíduos. Sanciona, num nível infrapenal, maneiras de viver, tipos de discursos, projetos ou intenções políticas, comportamentos sexuais, reações à autoridade, bravatas à opinião, violências etc. Em suma, intervém menos em nome da lei do que em nome da ordem e da regularidade. O irregular, o agitado, o perigoso e o infame são o objeto da reclusão. Enquanto que a penalidade pune a infração, a reclusão, por sua vez, sanciona a desordem.

— Enfim, se é verdade que a reclusão está nas mãos do poder político, que escapa totalmente ou em parte ao controle da justiça regulada (na França, a decisão é quase sempre tomada pelo Rei, pelos ministros, intendentes, ou subdelegados), não é, e está longe de sê-lo, o instrumento do arbitrário, e tampouco do absolutismo.

O estudo das *lettres de cachets* (de seu funcionamento e ao mesmo tempo de sua motivação) mostra que eram, em sua grande maioria, solicitadas por pais de família, notáveis locais, comunidades locais, religiosas, profissionais contra indivíduos que lhes provocavam incômodo e causavam desordem. A *lettre de cachet* vai de baixo para cima (sob a forma de demanda), para depois vir de cima para baixo pelo aparelho do poder, sob a forma de uma ordem que leva o selo real. É o instrumento de um controle local e, por assim dizer, capilar.

Uma análise de mesmo tipo poderia ser feita sobre algumas sociedades encontradas na Inglaterra, desde finais do século XVII. Incentivadas freqüentemente por "dissidentes", propunham-se a denunciar, a excluir, a fazer sancionar indivíduos por desvios de conduta, recusa ao trabalho, desordens cotidianas. Entre essa forma de controle e a que é assegurada pela *lettre de cachet*, as diferenças, evidentemente, são enormes. Para citar apenas uma: as sociedades inglesas (ao menos na primeira parte do século XVIII) são independentes de todo e qualquer aparelho de Estado: bem mais que isso, bastante populares em seu recrutamento, lutam, em termos gerais, contra a imoralidade dos poderosos e dos ricos; enfim, o rigorismo de que dão prova em relação a seus próprios membros talvez seja também uma maneira de fazê-los escapar de uma justiça penal extremamente rigorosa (a legislação penal inglesa, "caos sangrento", comportava mais casos capitais do que qualquer outro código europeu). Na França, ao contrário, as formas de controle estavam fortemente ligadas a um aparelho de Estado que havia organizado a primeira grande polícia da Europa, que a Áustria de José II e, depois, a Inglaterra trataram de imitar. Sobre a Inglaterra, é preciso assinalar, inclusive, que nos últimos anos do século XVIII (essencialmente após o Gordon Riots, e o momento dos grandes movimentos populares, mais ou menos contemporâneos da Revolução Francesa), novas sociedades de moralização apareceram, com recrutamento bem mais aristocrático (algumas delas com equipamento militar): pediam a intervenção do poder real, a instauração de uma nova legislação e a organização de uma polícia. A obra e o personagem de Colquhoun estão no centro desse processo.

O que transformou a penalidade, na virada do século, foi o ajustamento do sistema judiciário a um mecanismo de vigilância e de controle; foi a integração comum de ambos num aparelho de Estado centralizado; mas foi também a instauração e o desenvolvimento de toda uma série de instituições (parapenais e, por vezes, não-penais) que serviam de ponto de apoio, de posições avançadas ou de formas reduzidas ao aparelho principal. Um sistema geral de vigilância-reclusão penetra por toda a espessura da sociedade, tomando formas que vão desde as grandes prisões, construídas a partir do modelo do Panopticon, até as sociedades de patronagem e que encontram seus pontos de aplicação não somente nos delinqüentes, como também nas crianças abandonadas, órfãos, aprendizes, estudantes, operários etc. Numa passagem de suas *Lições sobre as prisões*, Julius opunha as civilizações do espetáculo (civilizações do sacrifício e do ritual, nas quais se trata de dar a todos o espetáculo de um acontecimento único, e onde a forma arquitetônica maior é o teatro) às civilizações da vigilância (nas quais se trata de assegurar a alguns um controle ininterrupto sobre a maioria; forma arquitetônica privilegiada: a prisão). E acrescentava que a sociedade européia, que havia substituído o Estado pela Religião, oferecia o primeiro exemplo de uma civilização da vigilância.

O século XIX fundou a idade do Panoptismo.

* * *

A que necessidades respondia essa transformação?

Provavelmente, respondia a um novo funcionamento e a novas formas na prática do ilegalismo. A novas ameaças sobretudo.

O exemplo da Revolução Francesa (como também de muitos outros movimentos dos últimos vinte anos do século XVIII) mostra que o aparelho político de uma nação está à altura das revoltas populares. Uma amotinação de subsistência, uma revolta contra os impostos ou contra as contribuições, a recusa ao alistamento militar não mais constituem movimentos localizados e limitados que podem atingir (inclusive fisicamente) o representante do poder político, mas que deixam fora de alcance suas estruturas e sua distribuição. Podem pôr em causa a posse e o exercício do poder político. Mas, por outro lado, e talvez até principalmente, o desenvolvimento da indústria coloca direta e massivamente o aparelho de produção em contato com aqueles que devem fazê-lo funcionar. As pequenas unidades artesanais, as manufaturas de aparelhagem reduzida e relativamente simples, os armazéns com capacidade limitada ao assegurarem os mercados locais não ofereciam muita oportunidade a depredações ou a destruições globais. Mas o maquinismo, a organização das grandes fábricas, com importantes estoques de matérias-primas, a globalização do mercado e o aparecimento dos grandes centros de redistribuição de mercadorias colocam a riqueza ao alcance de incessantes ataques. E esses ataques não vêm do exterior, dos deserdados ou dos mal integrados que, sob os trapos do mendigo ou do vagabundo, causavam tanto medo durante o século XVIII, mas vêm, num certo sentido, do interior, daqueles que devem manipulá-la para torná-la produtiva. Desde a depredação cotidiana dos produtos armazenados até os grandes quebra-quebras coletivos dos maquinistas, um perigo perpétuo ameaça a riqueza investida no aparelho de produção. Toda a série de medidas tomadas, no final do século XVIII e começo do século XIX, para proteger os portos, as docas e os arsenais de Londres, para desmantelar as redes de revendedores e de receptadores, pode servir de exemplo.

No campo, uma situação aparentemente inversa produz efeitos análogos. O fracionamento da propriedade rural, o desaparecimento mais ou menos completo dos habitantes das comunas, a exploração dos pousios solidificam a apropriação e tornam a sociedade rural intolerante a todo um conjunto de ilegalismos menores que deveriam ter sido aceitos — quer queira, quer não — no regime da grande propriedade subexplorada. Desaparecem as margens nas quais os mais pobres e os mais móveis haviam podido subsistir, usufruindo das tolerâncias, das negligências, dos regulamentos esquecidos ou dos direitos adquiridos. O estreitamento dos laços de propriedade, ou, melhor ainda, o novo estatuto da propriedade da terra e a sua nova exploração, transforma em delito muitos ilegalismos instalados. Importância, mais política do que econômica, dos delitos rurais, na França do Diretório e do Consulado (delitos que se articulam ora como lutas, sob a forma de guerras civis, ora como resistência ao alistamento militar); importância, também, das resistências opostas, na Europa, aos diferentes códigos florestais do começo do século XIX.

Mas, talvez, a forma mais importante do novo ilegalismo seja outra. Diz respeito mais ao próprio corpo do operário e à maneira como é inserido nos aparelhos de produção do que ao corpo do aparelho de produção ou ao da propriedade de terra. Salários insuficientes, desqualificação do trabalho pela máquina, horários de trabalho desmesurados, multiplicação das crises regionais ou locais, interdições de associações, mecanismo de endividamento, tudo isso leva os operários a condutas tais como o absenteísmo, a quebra do "contrato de trabalho", a migração, a vida "irregular". O problema é, então, fixar os operários ao aparelho de produção, estabelecê-los ou deslocá-los para onde se fazem necessários, submetê-los ao ritmo desse aparelho de produção, impor-lhes a constância e a regularidade que ele requer, em suma, constituí-los como força de trabalho. Daí uma legislação que cria novos delitos — obrigação da carteira de trabalho, leis sobre os lugares em que são vendidas e consumidas bebidas alcoólicas, proibição da loteria; daí, toda uma série de medidas que, sem serem absolutamente coercitivas, operam uma partilha entre o bom e o mau operário, e procuram adestrar o comportamento (a caderneta de poupança, o incentivo ao casamento, mais tarde as cidades operárias); daí o aparecimento de organismos de controle ou de pressão (associações filantrópicas, patronatos); daí, enfim, uma imensa campanha de moralização operária. Essa campanha define o que quer conjurar como a "dissipação", e o que quer estabelecer como a "regularidade": um corpo operário concentrado, aplicado, ajustado ao tempo da produção, fornecendo exatamente a força requerida. Ela vê na delinqüência a extensão inevitável da irregularidade, dando, assim, estatuto de conseqüência psicológica e moral ao efeito de marginalização atribuído aos mecanismos de controle.

* * *

Pode-se tirar daí algumas conclusões.

1. As formas de penalidade que se vê surgir, entre os anos 1760 e 1840, não estão ligadas a uma renovação da percepção moral. A natureza das infrações definidas pelo código não mudou essencialmente em nada (pode-se notar, entretanto, o desaparecimento, progressivo ou repentino, dos delitos religiosos; o aparecimento de determinados delitos de tipo econômico ou profissional); e se o regime das penas se atenuou consideravelmente, as infrações permaneceram mais ou menos idênticas. Foi um problema de corpo e de materialidade — uma questão de física — que proporcionou a grande renovação da época: nova forma de materialidade tomada pelo aparelho de produção, novo tipo de contato entre esse aparelho e o que o fez funcionar; novas exigências impostas aos indivíduos como forças produtivas. A história da penalidade, no começo do século XIX, não diz respeito essencialmente a uma história das idéias morais; é um capítulo na história do corpo. Ou, digamos de outra maneira: ao interrogar as idéias morais a partir da prática e das instituições penais, descobre-se que a evolução da moral é, antes de tudo, a história do corpo, a história dos corpos. Pode-se compreender a partir daí:

— que a prisão tenha se tornado a forma geral da punição e tenha substituído o suplício. O corpo não precisa mais ser marcado; deve ser adestrado, formado e reformado; seu tempo deve ser medido e plenamente utilizado; suas forças devem ser continuamente aplicadas ao trabalho. A forma-prisão da penalidade corresponde à forma-salário do trabalho;

— que a medicina, como ciência da normalidade dos corpos, tenha garantido seu lugar no âmago da prática penal (a pena deve ter por finalidade curar).

2. A transformação da penalidade não diz respeito unicamente a uma história dos corpos, mas, mais precisamente, a uma história das relações entre o poder político e os corpos, seu controle, sua sujeição, a maneira como esse poder se exerce direta ou indiretamente sobre eles, a maneira como são dobrados, fixados, utilizados por ele encontra-se no princípio da transformação estudada. Seria preciso escrever uma "*Física*" do poder, e mostrar como ela foi modificada em relação às suas formas anteriores, no começo do século XIX, no momento do desenvolvimento das estruturas estatais.

Uma nova *ótica*, em primeiro lugar: órgão de vigilância generalizada e constante; tudo deve ser observado, visto, transmitido: organização de uma polícia; instituição de um sistema de arquivos (com fichas individuais), estabelecimento de um *panoptismo*.

Uma nova *mecânica*: isolamento e agrupamento dos indivíduos; localização dos corpos; utilização máxima das forças; controle e melhoramento do rendimento; em suma, estabelecimento de toda uma *disciplina* da vida, do tempo, das energias.

Uma nova *fisiologia*: definição das normas, exclusão e rejeição daquilo que não lhes for conforme, mecanismo de estabelecimento de normas por intervenções corretoras que são, de um modo ambíguo, terapêuticas e punitivas.

O panoptismo, a disciplina e a normalização caracterizam esquematicamente essa nova investida do poder sobre os corpos, efetuada no século XIX. E o sujeito psicológico, tal como emerge nesse momento (dado a um conhecimento possível, suscetível de aprendizado, de formação e de adestramento, lugar eventual de desvios patológicos e de intervenções normalizadoras), é apenas o avesso desse processo de sujeição. O sujeito psicológico nasce no ponto de encontro do poder e do corpo: é o efeito de uma certa "física política".

3. Nessa "física", a delinqüência desempenha um papel importante. Mas é preciso que se entenda o termo delinqüência. Não se trata do delinqüente, como um tipo de mutante psicológico e social, que seria o objeto da repressão penal. Por delinqüência é preciso entender o duplo sistema penalidade-delinqüente. A instituição penal, com a prisão no seu centro, fabrica uma categoria de indivíduos que entram num circuito junto com ela: a prisão não corrige; ela chama incessantemente os mesmos; ela constitui, pouco a pouco, uma população marginalizada, utilizada para fazer pressão sobre as "irregularidades" ou os "ilegalismos" que não se pode tolerar. E ela exerce essa pressão sobre os ilegalismos por intermédio da delinqüência, de três modos: conduzindo pouco a pouco a irregularidade ou o ilegalismo à infração, graças a um jogo de exclusão e de sanções parapenais (mecanismo que pode ser chamado: "a indisciplina leva à guilhotina"); integrando os delinqüentes a seus próprios instrumentos de vigilância do ilegalismo (recrutamento de provocadores, indicadores, policiais; mecanismo que pode ser chamado: "todo ladrão pode se tornar Vidocq"); canalizando as infrações dos delinqüentes para as populações que mais importa controlar (princípio: "um pobre é sempre mais fácil de ser roubado do que um rico").

Para retomar, então, a questão do começo: por que essa estranha instituição da prisão, por que essa escolha de uma penalidade cujo disfuncionamento foi logo denunciado? Será preciso talvez buscar uma resposta desse lado: a prisão tem a vantagem de produzir delinqüência, instrumento de controle e de pressão sobre o ilegalismo, peça não negligenciável no exercício de poder sobre os corpos, elemento dessa física do poder que suscitou a psicologia do sujeito.

* * *

O seminário deste ano foi dedicado a preparar a publicação do dossiê do caso Pierre Rivière.

1973-1974

O poder psiquiátrico

Há, sem dúvida, uma correlação histórica entre dois fatos: antes do século XVIII, a loucura não era sistematicamente internada; ela era essencialmente considerada como uma forma do erro ou da ilusão. Ainda no começo da Idade clássica, a loucura era percebida como pertencente às quimeras do mundo; podia viver no meio delas, e não tinha de ser separada, a não ser quando tomava formas extremas ou perigosas. Compreende-se, nessas condições, que o lugar privilegiado em que a loucura podia e devia explodir na sua verdade não podia ser o espaço artificial do hospital. Os lugares terapêuticos reconhecidos eram, em primeiro lugar, a natureza, já que ela era a forma visível da verdade; tinha em si mesma o poder de dissipar o erro, de fazer desaparecer as quimeras. As prescrições dadas habitualmente pelos médicos eram, assim, a viagem, o repouso, o passeio, o retiro, o corte com o mundo artificial e vão da cidade. Esquirol se lembrará disso, quando, ao projetar os planos de um hospital psiquiátrico, recomendava que cada pátio fosse largamente aberto com vista para um jardim. O outro lugar terapêutico colocado em uso era o teatro, natureza invertida; representava-se para o doente a comédia de sua própria loucura, que era encenada e a ela era dedicada, por um instante, uma realidade fictícia; através de cenários e fantasias, era como se ela fosse verdadeira, mas de maneira que, tomado nessa armadilha, o erro acabasse por explodir aos próprios olhos daquele que era a sua vítima. Essa técnica não tinha ainda inteiramente desaparecido no século XIX; Esquirol, por exemplo, recomendava inventar processos para os melancólicos a fim de estimular sua energia e seu gosto pelo combate.

A prática do internamento, no começo do século XIX, coincide com o momento no qual a loucura é percebida menos em relação ao erro do que em relação à conduta regular e normal; no qual ela aparece não mais como julgamento perturbado, mas como perturbação na maneira de agir, de querer, de ter paixões, de tomar decisões e de ser livre; em suma, no qual ela se inscreve não mais no eixo verdade-erro-consciência, mas no eixo paixão-vontade-liberdade; momento de Hoffbauer e de Esquirol. "Há alienados cujo delírio é dificilmente visível; não há, absolutamente, alienados cujas paixões e anomalias morais não sejam desordenadas, pervertidas ou aniquiladas... A diminuição do delírio não é um sinal certo de cura, a não ser quando os alienados retornam a suas primeiras afecções." Qual é, com efeito, o processo da cura? O movimento pelo qual o erro se dissipa e a verdade aparece de novo? Não; mas "o retorno das afecções morais nos seus justos limites; o desejo de rever seus amigos, seus filhos, as lágrimas da sensibilidade, a necessidade de confiar seu coração, de se encontrar em meio à família, de retomar seus hábitos".

Qual poderá ser, então, o papel do hospício nesse movimento de retorno às condutas regulares? Evidentemente, ele terá, de saída, a função que se prestava aos hospitais no final do século XVIII; permitir descobrir a verdade da doença mental, afastar tudo aquilo que, no meio do doente, pode mascará-la, misturá-la, dar-lhe formas aberrantes, mantê-la também e relançá-la. Porém, mais ainda que um lugar de desmascaramento, o hospital, cujo modelo foi dado por Esquirol, é um lugar de afrontamento; a loucura, vontade perturbada, paixão pervertida, deve encontrar aí uma vontade reta e paixões ortodoxas. O seu face a face, seu choque inevitável, que é de fato desejável, produzirão dois efeitos; por um lado, a vontade doente, que podia muito bem permanecer incompreensível, já que não se exprimia em nenhum delírio, produzirá à luz do dia seu mal pela resistência que oporá à vontade reta do médico; e por outro lado, a luta que se estabelece, a partir daí, se for bem conduzida, deverá levar à vitória da vontade reta, à submissão, à renúncia da vontade perturbada. Um processo, portanto, de oposição, de luta e de dominação. "É preciso aplicar um método perturbador, quebrar o espasmo pelo espasmo... é preciso subjugar o caráter integral de alguns doentes, vencer suas pretensões, domar seus surtos, quebrar seu orgulho, enquanto que os outros, é preciso excitá-los, encorajá-los."

Assim se estabelece a tão curiosa função do hospital psiquiátrico do século XIX; lugar de diagnóstico e de classificação, retângulo botânico, onde as espécies de doenças são repartidas em pátios, cuja disposição faz pensar numa grande horta; mas também espaço fechado para um afrontamento; lugar de uma luta; campo institucional, onde se trata de vitória e de submissão. O grande médico de hospício — quer se trate de Leuret, Charcot ou Kraepelin — é ao mesmo tempo aquele que pode dizer a verdade da doença pelo saber que detém sobre ela, e aquele que pode produzir a doença na sua verdade e submetê-la na realidade, pelo poder que a sua vontade exerce sobre o próprio doente. Todas as técnicas ou procedimentos praticados nos hospícios do século XIX — o isolamento, o interrogatório privado ou público, os tratamentos-punições como a ducha, as entrevistas de cunho moral (encorajamentos ou sermões), a disciplina rigorosa, o trabalho obrigatório, as recompensas, as relações preferenciais entre o médico e alguns de seus doentes, as relações de vassalidade, de posse, de domesticidade, por vezes de servidão, que ligavam o doente ao médico — tudo isso tinha por função fazer do personagem médico o "mestre da loucura": aquele que a faz aparecer na sua verdade (quando ela se esconde, quando permanece escondida e silenciosa) e aquele que a domina, a apazigua e a faz desaparecer, depois de tê-la sabiamente desencadeado.

Digamos, portanto, de uma maneira esquemática: no hospital de Pasteur, a função "produzir a verdade" da doença não cessou de se atenuar; o médico produtor de verdade desaparece numa estrutura de conhecimento. Ao contrário, no hospital de Esquirol ou de Charcot, a função "produção de verdade" se hipertrofia, se exalta em torno do personagem do médico. E isso num jogo onde o que está em questão é o sobrepoder do médico. Charcot, taumaturgo da histeria, é com certeza o personagem mais altamente simbólico desse tipo de funcionamento.

Ora, essa exaltação se produz numa época em que o poder médico encontra suas garantias e suas justificações nos privilégios do conhecimento: o médico é competente, o médico conhece as doenças e os doentes, detém um saber científico, que é do mesmo tipo que o do químico e o do biólogo: eis o que fundamenta, agora, a sua intervenção e a sua decisão. O poder que o hospício dá ao psiquiatra, deverá, portanto, se justificar (e se mascarar, ao mesmo tempo, como sobrepoder primordial), produzindo fenômenos integráveis à ciência médica. Compreende-se por que a técnica da hipnose e da sugestão, o problema da simulação, o diagnóstico diferencial entre doença orgânica e doença psicológica estiveram, durante tão longos anos (de 1860 a 1890, pelo menos), no centro da prática e da teoria psiquiátricas. O ponto de perfeição — demasiadamente miraculosa — foi atingido quando as doentes do serviço de Charcot puseram-se a reproduzir, a pedido do poder-saber médico, uma sintomatologia normatizada pela epilepsia, ou seja, suscetível de ser decifrada, conhecida e reconhecida nos termos de uma doença orgânica.

Episódio decisivo em que se redistribuem e vêm se superpor, precisamente, as duas funções do hospício: provação e produção da verdade, por um lado; constatação e conhecimento dos fenômenos, por outro. O poder do médico lhe permite produzir, a partir de então, a realidade de uma doença mental cuja propriedade é reproduzir os fenômenos inteiramente acessíveis ao conhecimento. A histérica era a doente perfeita, já que ela *dava a conhecer*: ela mesma retranscrevia os efeitos do poder médico em formas que o médico podia descrever segundo um discurso cientificamente aceitável. Quanto à relação de poder que tornava possível toda essa operação, como poderia ter sido detectado no seu papel determinante, já que — virtude suprema da histeria, docilidade sem comparação, verdadeira santidade epistemológica — as próprias doentes encarregavam-se e aceitavam a responsabilidade sobre ela: aparecia na sintomatologia, como sugestionabilidade mórbida. Tudo se desdobrava, a partir de então, na limpidez do conhecimento, entre o sujeito conhecedor e o objeto conhecido.

* * *

Hipótese: a crise foi inaugurada, e a idade da antipsiquiatria, que ainda se esboçava, começa com a suspeita, logo tida como certeza, de que Charcot produzia efetivamente a crise da histeria que descrevia. Tem-se aí um pouco o equivalente da descoberta, feita por Pasteur, de que o médico transmitia as doenças que ele devia combater.

Parece, em todo caso, que todos os grandes abalos que sacudiram a psiquiatria desde o final do século XIX colocaram essencialmente em questão o poder do médico. Seu poder e o efeito por ele produzido sobre o doente, mais ainda que o seu saber e a verdade daquilo que dizia sobre a doença. Digamos, mais exatamente, que de Bernheim a Lang ou Basaglia, o que foi posto em questão era a maneira como o poder do médico estava implicado na verdade do que ele dizia e, inversamente, a maneira como esta podia ser fabricada e comprometida por seu poder. Cooper disse: "A violência está no âmago de nosso problema", e Basaglia: "A característica dessas instituições (escola, fábrica, hospital) é uma separação nítida entre aqueles que detêm o poder e aqueles que não o detêm." Todas as grandes reformas, não somente da prática psiquiátrica, mas do pensamento psiquiátrico, se situam em torno desta relação de poder: são tentativas de deslocá-lo, mascará-lo, eliminá-lo, anulá-lo. O conjunto da psiquiatria moderna encontra-se atravessado, no fundo, pela antipsiquiatria, caso se entenda por antipsiquiatria tudo o que coloca em questão o papel do psiquiatra encarregado, antes, de produzir a verdade da doença no espaço hospitalar.

É possível, portanto, falar *das* antipsiquiatrias que atravessaram a história da psiquiatria moderna. Mas talvez seja melhor distinguir com cuidado dois processos perfeitamente distintos do ponto de vista histórico, epistemológico e político.

Houve, primeiro, o movimento de "despsiquiatrização", que aparece imediatamente após Charcot. Trata-se, então, não tanto de anular o poder do médico, mas de deslocá-lo em nome de um saber mais exato, de dar-lhe um outro ponto de aplicação e novas medidas. Despsiquiatrizar a medicina mental para estabelecer, na sua justa eficácia, um poder médico a qual a imprudência (ou a ignorância) de Charcot tinha levado, abusivamente, a produzir doenças; portanto, falsas doenças.

1. Uma primeira forma de despsiquiatrização começa com Babinski, em quem ela encontra seu herói crítico. Mais do que procurar produzir teatralmente a verdade da doença, é melhor procurar reduzi-la à sua estrita realidade, que talvez seja, freqüentemente, apenas a aptidão para se deixar teatralizar: pitiatismo. A partir de então, a relação de dominação do médico sobre o doente não apenas não perderá nada do seu rigor, como também o seu rigor dirá respeito à *redução* da doença a seu estrito mínimo: os signos necessários e suficientes para que ela possa ser diagnosticada como doença mental e as técnicas indispensáveis para que essas manifestações desapareçam.

Trata-se, de um certo modo, de pasteurizar o hospital psiquiátrico, de obter no hospício o mesmo efeito de simplificação que Pasteur tinha imposto aos hospitais: articular diretamente o diagnóstico e a terapêutica, o conhecimento da natureza da doença e a supressão de suas manifestações. O momento da provação, no qual a doença se manifesta em sua verdade e chega à sua realização, não deve mais figurar no processo médico. O hospital pode se tornar um lugar silencioso, onde a forma do poder médico se mantém naquilo que tem de mais estrito, mas sem que tenha de encontrar a própria loucura ou de se confrontar com ela. Chamemos essa forma "asséptica" e assintomatista de despsiquiatrização: "psiquiatria de produção zero". A psicocirurgia e a psiquiatria farmacológica são as suas duas formas mais notáveis.

2. Outra forma de despsiquiatrização, exatamente inversa da precedente. Trata-se de tornar o mais intenso possível a produção da loucura na sua verdade, mas fazendo com que as relações de poder entre médico e doente sejam exatamente investidas nessa produção, que permaneçam adequadas a ela, que não se deixem ultrapassar por ela, e que possam guardar o controle sobre ela. A primeira condição para essa manutenção do poder médico "despsiquiatrizado" é colocar fora de circuito todos os efeitos próprios ao espaço do hospício. É preciso evitar, antes de tudo, a armadilha na qual tinha caído a taumaturgia de Charcot; impedir que a obediência hospitalar zombe da autoridade médica, e que, em lugar das cumplicidades e dos obscuros saberes coletivos, a ciência soberana do médico se encontre envolvida em mecanismos que ela teria involuntariamente produzido. Daí a regra do *tête à tête*; daí a regra do livre contrato entre o médico e o doente; daí a regra da limitação de todos os efeitos ao nível único do discurso ("eu só te peço uma coisa, dizer realmente tudo o que está passando pela tua cabeça"); daí a regra da liberdade discursiva ("não mais poderás te vangloriar de enganar o teu médico, já que não mais responderás às perguntas feitas; dirás aquilo que te vem à cabeça, sem que tenhas nem mesmo de me perguntar aquilo que penso, e se quiseres me enganar infringindo essa regra, não serei enganado realmente; tu serás enganado, preso na armadilha, já que terás perturbado a produção da verdade e aumentado de algumas sessões a soma daquilo que me deves"); daí a regra do divã, que só concede realidade aos efeitos produzidos nesse lugar privilegiado e durante essa hora singular em que se exerce o poder do médico —

poder que não pode ser tomado em nenhum efeito de retorno, uma vez que se encontra inteiramente retirado no silêncio e na invisibilidade.

A psicanálise pode ser historicamente decifrada como a outra grande forma da despsiquiatrização provocada pelo traumatismo-Charcot: retirada fora do espaço hospitalar para apagar os efeitos paradoxais do sobrepoder psiquiátrico; mas reconstituição do poder médico, produtor de verdade, num espaço organizado para que essa produção permaneça sempre adequada a esse poder. A noção de transferência, como processo essencial à cura, é uma maneira de pensar conceitualmente essa adequação na forma do conhecimento; o pagamento, contrapartida monetária da transferência, é uma maneira de garanti-la na realidade: uma maneira de impedir que a produção da verdade não se torne um contrapoder que arma ciladas, anula, abate o poder do médico.

A essas duas grandes formas de despsiquiatrização, ambas conservadoras do poder — uma porque anula a produção de verdade, a outra porque tenta tornar adequados produção de verdade e poder médico —, se opõe a antipsiquiatria. Mais do que uma retirada fora do espaço do hospício, trata-se da sua destruição sistemática por um trabalho interno; e trata-se de transferir ao próprio doente o poder de produzir sua loucura e a verdade de sua loucura, mais do que procurar reduzi-lo a zero. A partir daí, pode se compreender, creio, o que está em jogo na antipsiquiatria, e que não é, de modo algum, o valor de verdade da psiquiatria em termos de conhecimento (de exatidão diagnóstica ou de eficácia terapêutica).

No âmago da antipsiquiatria, a luta com, na e contra a instituição. Ao serem organizadas, no começo do século XIX, as grandes estruturas dos hospícios foram justificadas por uma maravilhosa harmonia entre as exigências da ordem social — que exigia proteção contra as desordens dos loucos — e as necessidades da terapêutica — que exigia o isolamento dos doentes. Para justificar o isolamento dos loucos, Esquirol dava cinco razões principais: 1) assegurar sua segurança pessoal e a de suas famílias; 2) liberá-los das influências externas; 3) vencer suas resistências pessoais; 4) submetê-los à força a um regime médico; 5) impor-lhes novos hábitos intelectuais e morais. Vê-se, tudo é questão de poder: dominar o poder do louco, neutralizar os poderes exteriores que podem se exercer sobre ele; estabelecer sobre ele um poder de terapêutica e de formação — de "ortopedia".

Ora, é exatamente contra a instituição como lugar, como forma de distribuição e mecanismo dessas relações de poder que luta a antipsiquiatria. Sob as justificativas de um internamento que permitiria, num lugar purificado, constatar o que é, e intervir onde, quando e como for preciso, ela faz surgir as relações de dominação próprias à relação institucional: "o puro poder do médico — diz Basaglia, constatando, no século XX, os efeitos das prescrições de Esquirol — aumenta tão vertiginosamente quanto diminui o poder do doente; esse, pelo simples fato de estar internado, torna-se um cidadão sem direitos, entregue à arbitrariedade do médico e dos enfermeiros que podem fazer dele o que quiserem, sem possibilidade de apelo." Parece-me ser possível situar as diferentes formas de psiquiatria segundo sua estratégia em relação a esses jogos do poder institucional: escapar delas na forma de um contrato dual e livremente consentido de ambas as partes (Szasz); organizar um lugar privilegiado, onde devam ser suspensas ou rechaçadas se vierem a se reconstituir (Kingsley Hall); situá-las uma a uma e destruí-las progressivamente no interior de uma instituição de tipo clássico (Cooper no Pavilhão 21); associá-las a outras relações de poder que já puderam determinar, no exterior do hospício, a segregação de um indivíduo como doente mental (Gorizia). As relações de poder constituíam o *a priori* da prática psiquiátrica: condicionavam o funcionamento da instituição, do hospício, distribuíam aí as relações entre os indivíduos, regiam as formas da intervenção médica. A inversão própria à antipsiquiatria consiste em colocá-las, ao contrário, no centro do campo problemático, e questioná-las, em primeiro lugar.

Ora, o que estava implicado, antes de tudo, nessas relações de poder, era o direito absoluto da não-loucura sobre a loucura. Direito transcrito em termos de competência, exercendo-se sobre uma ignorância, de bom senso, de acesso à realidade, corrigindo os erros (ilusões, alucinações, fantasmas) da normalidade, impondo-se à desordem e ao desvio. É esse triplo poder que constituía a loucura como objeto de conhecimento possível para uma ciência médica, que a constituía como doença, no exato momento em que o "sujeito" atingido por essa doença era desqualificado como louco — ou seja, despojado de todo poder e de todo saber quanto à sua doença. "Sobre teu sofrimento e tua singularidade, sabemos bastante coisas (de que não duvidas) para reconhecer que é uma doença; mas conhecemos bastante essa doença para saber que não podes exercer sobre ela e em relação a ela nenhum direito. Nossa ciência nos permite chamar de doença a tua loucura e, desde então, somos, nós médicos, qualificados para intervir e diagnosticar em ti uma loucura que te impede de ser um doente como os outros: serás, portanto, um doente mental." Esse jogo de uma relação de poder que dá lugar a um conhecimento que funda, em contrapartida, os direitos desse poder, caracteriza a psiquiatria "clássica". É esse ciclo que a antipsiquiatria se propõe a desfazer: dando ao indivíduo a tarefa e o direito de levar a cabo a sua loucura, de levá-la a seu termo, numa experiência que pode ter a contribuição dos outros, mas nunca em nome de um poder que lhe seria conferido por sua razão ou por sua normalidade; separando as condutas, os sofrimentos, os desejos do estatuto patológico que lhes havia sido conferido, liberando-os de um diagnóstico e de uma sintomatologia que não tinham simplesmente valor de classificação, mas de decisão e de decreto; invalidando, enfim, a grande retranscrição da loucura na doença mental, que havia sido empreendida desde o século XVII e concluída no século XIX.

A desmedicalização da loucura é correlativa desse questionamento primordial do poder na prática antipsiquiátrica. É aí que se mede a oposição da antipsiquiatria à "despsiquiatrização", que me parece caracterizar tanto a psicanálise quanto a psicofarmacologia: ambas provêm de uma sobremedicalização da loucura. E, assim, encontra-se em aberto o problema da eventual liberação da loucura em relação a essa forma singular de poder-saber que é o conhecimento. Será possível que a produção da verdade da loucura possa se efetuar em formas que não sejam as da relação de conhecimento? Problema fictício, se poderá dizer, questão que só tem lugar na utopia. De fato, ela se coloca concretamente todos os dias no que diz respeito ao papel do médico — do sujeito estatutário de conhecimento — na tarefa de despsiquiatrização.

* * *

O seminário foi dedicado a dois temas alternadamente: a história da instituição e da arquitetura hospitalares, no século XVIII; e o estudo da perícia médico-legal em matéria psiquiátrica, desde 1820.

1974-1975

Os anormais

A grande família indefinida e confusa dos "anormais", cujo medo obcecou o final do século XIX, não marca apenas uma fase de incerteza ou um episódio pouco feliz na história da psicopatologia; ela se formou em correlação com um conjunto de instituições de controle, com uma série de mecanismos de vigilância e de distribuição; e, ao ter sido quase inteiramente recoberta pela categoria de "degenerescência", deu lugar a elaborações teóricas irrisórias, porém a efeitos duramente reais.

O grupo dos anormais se formou a partir de três elementos, cuja constituição não foi exatamente sincrônica.

1. O monstro humano. Velha noção cujo quadro de referência é a lei. Noção jurídica, portanto, mas no sentido amplo, já que se trata não somente das leis da sociedade, mas também das leis da natureza; o campo de aparecimento do monstro é um domínio jurídico-biológico. Uma após a outra, as figuras do ser meio-homem meio-besta (valorizadas sobretudo na Idade Média), as individualidades duplas (valorizadas sobretudo no Renascimento), os hermafroditas (que levantaram tantos problemas nos séculos XVII e XVIII) representaram essa dupla infração; o que faz com que o monstro humano seja um monstro não é somente a exceção em relação à forma da espécie, é a perturbação que traz às regularidades jurídicas (quer se trate das leis do casamento, dos cânones do batismo ou das regras da sucessão). O monstro humano combina o impossível e o interdito. É preciso estudar,

nessa perspectiva, os grandes processos de hermafroditas em que se confrontam juristas e médicos, do caso de Rouen (começo do século XVII) ao processo de Anne Grandjean (em meados do século seguinte); e também as obras como a *Embriologia sagrada* de Cangiamila, publicada e traduzida no século XVIII.

A partir daí, pode-se compreender um certo número de equívocos que vão continuar a obcecar a análise e o estatuto do homem anormal, mesmo quando ele terá reduzido e confiscado os traços próprios do monstro. No primeiro plano desses equívocos, um jogo, nunca completamente controlado, entre a exceção de natureza e a infração ao direito, que deixam de se superpor, sem deixar de jogar uma em relação a outra. O afastamento "natural" em relação à "natureza" modifica os efeitos jurídicos da transgressão; no entanto, não os apaga totalmente. Não remete pura e simplesmente à lei, mas não a suspende tampouco; arma-lhe ciladas, suscitando efeitos, disparando mecanismos, apelando para instituições parajudiciais e marginalmente médicas. Foi possível estudar, nesse sentido, a evolução da perícia médico-legal em matéria penal, desde o ato "monstruoso" problematizado no começo do século XIX (com os casos Cornier, Léger, Papavoine) até o aparecimento da noção de indivíduo "perigoso" — à qual é impossível dar um sentido médico ou um estatuto jurídico — e que é, no entanto, a noção fundamental das perícias contemporâneas. Ao se interrogar o médico, hoje em dia, com a questão propriamente insensata: esse indivíduo é perigoso? (questão que contradiz um direito penal fundado tão simplesmente na condenação dos atos e que postula um pertencimento natural entre doença e infração), os tribunais reproduzem, através das transformações que se trata de analisar, os equívocos dos velhos monstros seculares.

2. O indivíduo a corrigir. É um personagem mais recente que o monstro. É mais o correlato das técnicas de adestramento, com suas exigências próprias, do que dos imperativos da lei e das formas canônicas da natureza. O aparecimento do "incorrigível"

é contemporâneo do estabelecimento das técnicas de disciplina, a que se assiste durante os séculos XVII e XVIII — no exército, nas escolas, nos ateliês, e depois, um pouco mais tarde, nas próprias famílias. Os novos procedimentos de adestramento do corpo, do comportamento, das aptidões engendram o problema daqueles que escapam dessa normatividade, que não é mais a soberania da lei.

A "interdição" constituía a medida judiciária pela qual o indivíduo era, parcialmente ao menos, desqualificado como sujeito de direito. Esse quadro jurídico e negativo vai ser em parte preenchido, em parte substituído, por um conjunto de técnicas e procedimentos pelos quais se empreenderá o adestramento daqueles que resistem e a correção dos incorrigíveis. O "enclausuramento" praticado em larga escala, a partir do século XVII, pode aparecer como uma fórmula intermediária entre o procedimento negativo da interdição judiciária e os procedimentos positivos do adestramento. O enclausuramento exclui de fato e funciona fora das leis, mas tem como justificação a necessidade de corrigir, melhorar, conduzir a resipiscência, de fazer retornar a "bons sentimentos". A partir dessa forma confusa, mas historicamente decisiva, é preciso estudar o aparecimento, em datas históricas precisas, das diferentes instituições de adestramento e das categorias de indivíduos aos quais ela se dirige. Nascimentos técnico-institucionais da cegueira, da surdez-mudez, dos imbecis, dos retardados, dos nervosos, dos desequilibrados.

Monstro banalizado e pálido, o anormal do século XIX é também um descendente desses incorrigíveis que apareceram nas margens das técnicas modernas de "adestramento".

3. O onanista. Figura totalmente nova no século XVIII. Aparece em correlação com as novas relações entre a sexualidade e a organização familiar, com a nova posição da criança no meio do grupo parental, com a nova importância dada ao corpo e à saúde. Aparecimento do corpo sexual da criança.

De fato, essa emergência tem uma pré-história longa: o desenvolvimento conjunto das técnicas de direção de consciência (na nova pastoral nascida na Reforma e do Concílio Trento) e das instituições de educação. De Gerson a Alphonse de Ligori, um esquadrinhamento discursivo do desejo sexual, do corpo sensual e do pecado de *mollities* é assegurado pela obrigação da confissão penitenciária e por uma prática bastante codificada pelos interrogatórios sutis. Pode-se dizer, esquematicamente, que ao controle tradicional das relações interditas (adultérios, incestos, sodomia, bestialidade) veio se somar o controle da "carne" nos movimentos elementares da concupiscência.

Mas, sobre esse fundo, a cruzada contra a masturbação constitui uma ruptura. Começa com estardalhaço, primeiro na Inglaterra, em torno dos anos 1710, com a publicação da *Onania*, depois na Alemanha, antes de se manifestar, na França, em torno de 1760, com o livro de Tissot. Sua razão de ser é enigmática, porém seus efeitos são inúmeros. Tanto um quanto o outro só pode ser determinado levando-se em consideração alguns traços essenciais dessa campanha. Seria insuficiente, de fato, identificar aí — numa perspectiva próxima a Reich, que inspirou recentemente os trabalhos de Van Hussel — apenas um processo de repressão ligado às novas exigências da industrialização: o corpo produtivo contra o corpo de prazer. De fato, essa cruzada não toma, pelo menos no século XVIII, a forma de uma disciplina sexual geral: dirige-se, de modo privilegiado, senão exclusivo, aos adolescentes ou às crianças, e mais precisamente ainda, às das famílias ricas ou abastadas. Situa a sexualidade ou, pelo menos, o uso sexual do seu próprio corpo, na origem de uma série indefinida de perturbações psíquicas que podem fazer sentir seus efeitos sob todas as formas e em todas as idades da vida. A potência etiológica ilimitada da sexualidade, no que diz respeito ao corpo e às doenças, é um dos temas mais constantes não somente nos textos dessa nova moral médica, como também nas mais sérias obras de patologia. Ora, se a criança torna-se, assim, responsável por seu próprio corpo e por sua própria vida, no "abuso" que faz de sua sexualidade, os pais são denunciados como os verdadeiros culpados: a falta de vigilância, a negligência e, sobretudo, a falta de interesse pelas crianças, seu corpo e sua conduta levam-nos a deixá-los aos cuidados de babás, domésticas e preceptores, todos esses intermediários denunciados regularmente como os iniciadores da devassidão (Freud tira daí sua teoria primeira da "sedução"). O que se esboça, através dessa campanha, é o imperativo de uma nova relação pais-filhos, mais amplamente uma nova economia das relações intrafamiliares: solidificação e intensificação das relações pai-mãe-filho (em detrimento das relações múltiplas que caracterizavam a "*maisonnée*" no sentido amplo); inversão do sistema das obrigações familiares (que iam, antes, das crianças aos pais, e que agora tendem a fazer da criança o objeto primeiro e incessante dos deveres dos pais, atribuídos através da responsabilidade moral e médica até o mais profundo de sua descendência); aparecimento do princípio de saúde como lei fundamental dos vínculos familiares, distribuição da célula familiar em torno do corpo — e do corpo sexual — da criança; organização de um vínculo físico imediato, de um corpo a corpo pais-filhos, em que se conjugam, de maneira complexa, o desejo e o poder; necessidade, enfim, de um controle de um conhecimento médico externo para arbitrar e regular essas novas relações entre a vigilância obrigatória dos pais e o corpo tão frágil, irritável, excitável das crianças. A cruzada contra a masturbação traduz a organização da família restrita (pais, filhos) como um novo aparelho de saber-poder. O questionamento da sexualidade da criança, e de todas as anomalias de que será responsável, foi um dos procedimentos de constituição desse novo dispositivo. A pequena família incestuosa que caracteriza as nossas sociedades, o minúsculo espaço familiar sexualmente saturado, onde somos criados e onde vivemos, se formou aí.

O indivíduo "anormal", que é considerado desde o final do século XIX por tantas instituições, discursos e saberes, deriva ao mesmo tempo da exceção jurídico-natural do monstro das multidões, dos incorrigíveis, detidos pelos aparelhos de adestramento, e do universal secreto das sexualidades infantis. Na verdade, as três figuras do monstro, do incorrigível e do onanista não vão exatamente se confundir. Cada uma delas será inscrita em sistemas autônomos de referência científica: o monstro, numa teratologia e numa embriologia, que tiveram com Geoffroy Saint-Hilaire sua primeira grande coerência científica; o incorrigível, numa psicofisiologia das sensações da motricidade e das aptidões; o onanista, numa teoria da sexualidade que se elabora lentamente a partir da *Psychopathia sexualis* de Kaan.

Mas a especificidade dessas referências não deve deixar esquecidos três fenômenos essenciais, que a anulam parcialmente ou, pelo menos, a modificam: a construção de uma teoria geral da "degenerescência" que, a partir do livro de Morel (1857), vai servir, durante mais de meio século, de quadro teórico, ao mesmo tempo que de justificação social e moral a todas as técnicas de localização, de classificação e de intervenção sobre os anormais; a organização de uma rede institucional complexa, que serve, nos confins da medicina e da justiça, ao mesmo tempo de estrutura de "acolhimento" para os anormais e de instrumento de "defesa" da sociedade; enfim, o movimento através do qual o elemento que apareceu mais recentemente na história (o problema da sexualidade infantil) recobrirá os dois outros para se tornar, no século XX, o princípio de explicação mais fecundo de todas as anomalias.

A Antiphysis, que o espanto do monstro antes trazia à luz de um dia excepcional, é deslocada, hoje, pela sexualidade universal das crianças, por debaixo das pequenas anomalias de todos os dias.

* * *

Desde 1970, os cursos trataram da lenta formação de um saber e de um poder de normalização a partir dos procedimentos jurídicos tradicionais do castigo. O curso do ano 1975-76 terminará este ciclo com o estudo dos mecanismos através dos quais, desde o final do século XIX, pretendeu-se "defender a sociedade".

* * *

O seminário deste ano foi dedicado à análise das transformações da perícia psiquiátrica em matéria penal desde os grandes casos de monstruosidade criminal (caso *princeps*: Henriette Cornier) até o diagnóstico dos delinqüentes "anormais".

1975-1976

“É preciso defender a sociedade”

Para que seja feita a análise concreta das relações de poder, é preciso abandonar o modelo jurídico da soberania. Esse, de fato, pressupõe o indivíduo como sujeito de direitos naturais ou de poderes primitivos; tem como objetivo dar conta da gênese ideal do Estado; enfim, faz da lei a manifestação fundamental do poder. Seria preciso tentar estudar o poder não a partir dos termos primitivos da relação, mas a partir da própria relação, uma vez que é ela que determina os elementos dos quais trata: mais do que perguntar a sujeitos ideais o que puderam ceder deles mesmos ou de seus poderes para se deixar sujeitar, é preciso procurar saber como as relações de sujeição podem fabricar sujeitos. Do mesmo modo, melhor do que procurar a forma única, o ponto central de onde todas as fórmulas do poder derivariam, por via de conseqüência ou de desenvolvimento, é preciso primeiro deixá-las aparecer na sua multiplicidade, nas suas diferenças, na sua especificidade, na sua reversibilidade: estudá-las, portanto, como relações de força que se entrecruzam, que remetem umas às outras, convergem ou, ao contrário, se opõem e tendem a se anular. Enfim, mais do que conceder um privilégio à lei como manifestação de poder, é melhor tentar determinar as diferentes técnicas de coerção que opera.

Se é preciso evitar reduzir a análise do poder ao esquema proposto pela constituição jurídica da soberania, se é preciso pensar o poder em termos de relações de força, será preciso para isso decifrá-lo a partir da forma geral da guerra? A guerra pode valer como analisador das relações de poder?

Essa questão recobre muitas outras:

— a guerra deve ser considerada como um estado de coisas primeiro e fundamental em relação ao qual todos os fenômenos de dominação, de diferenciação, de hierarquização sociais devem ser considerados como derivados?

— os processos de antagonismos, de afrontamentos e de lutas entre indivíduos, grupos ou classes provêm, em última instância, dos processos gerais da guerra?

— o conjunto das noções derivadas da estratégia ou da tática pode constituir um instrumento válido e suficiente para analisar as relações de poder?

— as instituições militares e guerreiras, os procedimentos operados, de uma maneira geral, para fazer a guerra são, direta ou indiretamente, o núcleo das instituições políticas?

— mas talvez a questão que deve ser colocada primeiro seja a seguinte: desde quando e como começou-se a imaginar que é a guerra que funciona nas relações de poder, que um combate ininterrupto constitui a paz e que a ordem civil é fundamentalmente uma ordem de batalha?

Esta foi a questão colocada no curso deste ano. Como a guerra foi percebida nas filigranas da paz? Quem buscou, na confusão ruidosa da guerra, na lama das batalhas, o princípio de inteligibilidade da ordem, das instituições e da história? Quem primeiro pensou que a política era a guerra continuada por outros meios?

* * *

Um paradoxo aparece à primeira vista. Com a evolução dos Estados desde o começo da Idade Média, parece que as práticas e as instituições de guerra seguiram uma evolução visível. Por um lado, tiveram tendência a se concentrar nas mãos de um poder central que era o único a ter o direito e os meios da guerra; desse modo, elas se ausentaram, lentamente, da relação de homem a homem, de grupo a grupo, e uma linha de evolução as conduziu a serem de mais a mais um privilégio de Estado. Por outro lado, e por via de conseqüência, a guerra tende a se tornar um apanágio profissional e técnico de um aparelho militar cuidadosamente definido e controlado. Em poucas palavras: uma sociedade inteiramente atravessada por relações guerreiras foi sendo substituída, pouco a pouco, por um Estado dotado de instituições militares.

Ora, essa transformação tinha acabado de se consumar quando surgiu um certo tipo de discurso sobre as relações da sociedade e da guerra. Formou-se um discurso sobre as relações da sociedade e da guerra. Um discurso histórico-político — muito diferente do discurso filosófico-jurídico ordenado pelo problema da soberania — faz da guerra o fundo permanente de todas as instituições de poder. Apareceu pouco tempo depois do fim das guerras de religião e no começo das grandes lutas políticas inglesas do século XVII. Segundo esse discurso, que foi ilustrado na Inglaterra por Coke ou Lilburne, na França por Boulainvilliers, e mais tarde por du Buat-Nançay, foi a guerra que presidiu o nascimento dos Estados: não a guerra ideal — imaginada pelos filósofos do estado de natureza — mas as guerras reais e as batalhas efetivas; as leis nasceram em meio às expedições, às conquistas e às cidades incendiadas; mas a guerra continua também a irromper no interior dos mecanismos do poder, ou, ao menos, a constituir um motor secreto das instituições, das leis e da ordem. Sob os esquecimentos, as ilusões ou as mentiras que nos fazem crer nas necessidades de natureza ou nas exigências funcionais da ordem, é preciso encontrar a guerra: ela é a cifra da paz. Ela divide o corpo social inteira e permanentemente; ela situa cada um de nós num campo ou no outro. E não basta encontrá-la como um princípio de explicação; é preciso reativá-la; fazê-la deixar as formas elementares e surdas nas quais persevera, sem que nos demos conta disso e sem levá-la a uma batalha decisiva para a qual devemos nos preparar se quisermos sair vencedores.

Através dessa temática, caracterizada de uma maneira ainda muito fluida, pode-se compreender a importância dessa forma de análise.

— O sujeito que fala nesse discurso não pode ocupar a posição do jurista ou do filósofo, ou seja, a posição do sujeito universal. Ao falar dessa luta geral, ele está forçosamente de um lado ou de outro; está na batalha, tem adversários, luta por uma vitória. Sem dúvida, procura fazer valer o direito; mas trata-se do seu direito — direito singular marcado por uma relação de conquista, de dominação ou de antigüidade: direitos da raça, direitos das invasões triunfantes ou das ocupações milenares. E se fala também da verdade, é dessa verdade perspectiva e estratégica que lhe permite conseguir a vitória. Tem-se aí, portanto, um discurso político e histórico que tem pretensão à verdade e ao direito, mas excluindo-se ele próprio, e explicitamente, da universalidade jurídico-filosófica. Seu papel não é o papel sonhado pelos legisladores e os filósofos, de Sólon a Kant: estabelecer-se entre os adversários, no centro e acima da confusão, impor um armistício, fundar uma ordem que reconcilie. Trata-se de estabelecer um direito marcado pela dissimetria e funcionando como privilégio a ser mantido ou restabelecido; trata-se de fazer valer uma verdade que funcione como uma arma. Para um sujeito que detém um discurso como esse, a verdade universal e o direito geral são ilusões ou armadilhas.

— Trata-se, além disso, de um discurso que inverte os valores tradicionais da inteligibilidade. Explicação por baixo, que não é a explicação pelo mais simples, mais elementar e mais claro, mas pelo mais confuso, mais obscuro, mais desordenado, mais fadado ao acaso. O que deve valer como princípio de decifração é a confusão da violência, das paixões, dos ódios, das revanches; é também o tecido das circunstâncias menores que fazem as derrotas e as vitórias. O Deus elíptico e sombrio das batalhas deve tornar claros os longos dias da ordem, do trabalho e da paz. O furor deve dar conta das harmonias. É assim que, no princípio da história e do direito, se impõe uma série de fatos brutos (vigor físico, força, traços de caráter), uma série de acasos (derrotas, vitórias, sucesso ou insucesso das conjurações, revoltas ou alianças). E é somente acima desse emaranhado que se esboça uma racionalidade crescente, a dos cálculos e das estratégias — racionalidade que, na medida em que se sobe e que ela se desenvolve, torna-se cada vez mais frágil, cada vez mais malvada, cada vez mais ligada à ilusão, à quimera, à mistificação. Tem-se aí, portanto, o contrário dessas análises tradicionais que tentam encontrar sob o acaso de aparência e de superfície, sob a brutalidade visível dos corpos e das paixões, uma racionalidade fundamental, permanente, ligada essencialmente ao justo e ao bem.

— Esse tipo de discurso desenvolve-se inteiramente na dimensão histórica. Não se presta a avaliar a história, os governos injustos, os abusos e as violências ao princípio ideal de uma razão ou de uma lei; mas, ao contrário, a despertar, sob a forma das instituições ou das legislações, o passado esquecido das lutas reais, das vitórias ou das derrotas mascaradas, o sangue dos códigos. Considera como campo de referência o campo de movimento indefinido da história. Mas, ao mesmo tempo, também pode se apoiar em formas míticas tradicionais (a idade perdida dos grandes ancestrais, a eminência dos novos tempos e das revanches milenares, a vinda do novo reino que apagará as antigas derrotas): é um discurso que será capaz de abarcar tanto a nostalgia das aristocracias decadentes quanto o ardor das revanches populares.

Em suma, por oposição ao discurso filosófico-jurídico que se subordina ao problema da soberania e da lei, esse discurso que decifra a permanência da guerra na sociedade é um discurso essencialmente histórico-político, um discurso em que a verdade funciona como arma para uma vitória partidária, um discurso sombriamente crítico e, ao mesmo tempo, intensamente mítico.

* * *

O curso deste ano foi dedicado ao aparecimento dessa forma de análise: como a guerra (e seus diferentes aspectos, invasão, batalha, conquista, vitória, relação dos vencedores aos vencidos, pilhagem e apropriação, sublevações) foi utilizada como um analisador da história e, de um modo geral, das relações sociais?

1. É preciso, primeiro, colocar de lado algumas falsas paternidades. E sobretudo a de Hobbes. O que Hobbes chama a guerra de todos contra todos não é de modo algum uma guerra real histórica, mas um jogo de representações pelo qual cada um mede o perigo que os outros representam para ele, estima a vontade que têm de lutar e avalia o risco que ele correria se tivesse que recorrer à força. A soberania — quer se trate de uma "república por instituição" ou de uma "república por aquisição" — se estabelece não por um fato de dominação belicosa, mas, ao contrário, por um cálculo que permite evitar a guerra. Para Hobbes, é a não-guerra que funda um Estado e lhe dá sua forma.

2. A história das guerras como matrizes dos Estados foi, sem dúvida, esboçada no século XVI, no final das guerras de religião (na França, como por exemplo, em Hotman). Mas foi sobretudo no século XVII que esse tipo de análise se desenvolveu. Na Inglaterra, primeiro, na oposição parlamentar e com os Puritanos, com a idéia de que a sociedade inglesa, desde o século XI, é uma sociedade de conquista: a monarquia e a aristocracia, com suas instituições próprias, seriam de importação normanda, entretanto o povo saxão teria conservado, não sem dificuldades, alguns traços de suas liberdades primitivas. Sobre esse fundo de dominação guerreira, os historiadores ingleses como Coke ou Seldem restauram os principais episódios da história da Inglaterra; cada um deles é analisado como uma conseqüência ou como uma retomada desse estado de guerra historicamente primeiro entre duas nações hostis que diferem por suas instituições e seus interesses. A Revolução da qual esses historiadores são contemporâneos, testemunhas e, por vezes, protagonistas, seria, assim, a última batalha e a revanche dessa última guerra. Uma análise de mesmo tipo se encontra na França mais tardiamente, e sobretudo nos meios aristocráticos do final do reino de Luís XIV. Boulainvilliers

fornecerá a sua formulação mais rigorosa; mas, dessa vez, a história é contada e os direitos são reivindicados em nome do vencedor; ao se imputar uma origem germânica, a aristocracia francesa se atribui um direito de conquista, logo, de posse eminente sobre todas as terras do reino e de dominação absoluta sobre todos os seus habitantes gauleses ou romanos; mas ela se atribui também prerrogativas em relação ao poder real, que só teria sido estabelecido originalmente com o seu consentimento, e deveria sempre ser mantido nos limites fixados. A história assim escrita não é mais, como na Inglaterra, a do confronto perpétuo entre os vencidos e os vencedores, tendo por categoria fundamental a sublevação e as concessões extraídas; será a história das usurpações ou das traições do rei à nobreza, da qual é oriundo, e de seus conluios contranatureza com uma burguesia de origem galo-romana. Esse esquema de análise retomado por Freret e sobretudo por du Buat-Nançay constituiu a questão central de uma série de polêmicas e deu lugar a pesquisas históricas consideráveis até a Revolução.

O importante é que o princípio da análise histórica é buscado na dualidade e na guerra das raças. É a partir daí, e por intermédio das obras de Agostinho e de Amédée Thierry, que vão se desenvolver, no século XIX, dois tipos de decifração da história: um articulará a história à luta de classes, o outro ao confronto biológico.

* * *

O seminário deste ano foi dedicado ao estudo da categoria de "indivíduo perigoso" na psiquiatria criminal. Foram comparadas as noções ligadas ao tema da "defesa social" e as noções ligadas às novas teorias da responsabilidade civil, tal como apareceram no final do século XIX.

1977-1978

Segurança, território e população

O curso tratou da gênese de um saber político que colocaria no centro de suas preocupações a noção de população e os mecanismos suscetíveis de assegurar a sua regulação. Passagem de um "Estado territorial" a um "Estado de população"? Sem dúvida não, pois não se trata de uma substituição, mas de uma nova ênfase, e da aparição de novos objetivos, portanto de novos problemas e de novas técnicas.

Para seguir essa gênese, tomamos por fio condutor a noção de "governo".

1. Seria preciso fazer uma pesquisa aprofundada sobre a história não somente da noção, mas dos procedimentos e meios utilizados para assegurar, numa sociedade dada, o "governo dos homens". Numa abordagem bem inicial, parece que, para as sociedades gregas e romanas, o exercício do poder político não implicava nem o direito, nem a possibilidade de um "governo" entendido como atividade de direção dos indivíduos ao longo de suas vidas, colocando-os sob a autoridade de um guia responsável por aquilo que fazem e lhes acontece. Seguindo indicações de Paul Veyne, parece que a idéia de um soberano-pastor, de um rei ou magistrado-pastor do rebanho humano é encontrada apenas nos textos gregos arcaicos ou em alguns poucos autores da época imperial. Em contrapartida, a metáfora do pastor se ocupando de suas ovelhas é usada quando se trata de caracterizar a atividade do

pedagogo, do médico, do mestre de ginástica. A análise do *Político* confirmaria essa hipótese.

É no Oriente que o tema do poder pastoral ampliou-se — sobretudo na sociedade hebraica. Um certo número de traços marca esse tema: o poder do pastor se exerce menos sobre o território fixo do que sobre uma multidão em deslocamento em direção a um alvo; tem o papel de dar ao rebanho a sua subsistência, de cuidar cotidianamente dele e de assegurar a sua salvação; enfim, trata-se de um poder que individualiza, concedendo, por um paradoxo essencial, um valor tão grande a uma só de suas ovelhas quanto ao rebanho inteiro. É esse tipo de poder que foi introduzido no Ocidente pelo cristianismo e que tomou uma forma institucional no pastorado eclesiástico: o governo das almas se constitui na Igreja cristã como uma atividade central e douta, indispensável à salvação de todos e de cada um.

Ora, os séculos XV e XVI assistem à inauguração e ao desenvolvimento de uma crise geral do pastorado. Não somente e não tanto como rejeição da instituição pastoral, mas numa forma muito mais complexa: busca de outras modalidades (e não necessariamente menos estritas) de direção espiritual e de novos tipos de relações entre pastor e rebanho; busca, também, sobre a maneira de "governar" as crianças, uma família, um domínio, um principado. O questionamento geral sobre a maneira de governar e de se governar, de conduzir e se conduzir, acompanha, no fim da feudalidade, o nascimento de novas formas de relações econômicas e sociais e as novas estruturações políticas.

2. Em seguida foi analisada, em alguns de seus aspectos, a formação de uma "governamentalidade" política: ou seja, a maneira como a conduta de um conjunto de indivíduos esteve implicada, de modo cada vez mais marcado, no exercício do poder soberano. Essa transformação importante é assinalada nas diferentes "artes de governar" que foram redigidas no final do século XVI e na primeira metade do século XVII. Está ligada, sem dúvida, à emergência da "razão de Estado". Passa-se de uma arte de gover-

nar, cujos princípios foram tomados de empréstimo às virtudes tradicionais (sabedoria, justiça, liberalidade, respeito às leis divinas e aos costumes humanos) ou às habilidades comuns (prudência, decisões refletidas, cuidado para se cercar de melhores conselheiros), a uma arte de governar cuja racionalidade tem seus princípios e seu domínio de aplicação específico no Estado. A "razão de Estado" não é o imperativo em nome do qual pode-se ou deve-se infringir todas as outras regras; é a nova matriz de racionalidade segundo a qual o Príncipe deve exercer sua soberania governando os homens. Está-se longe da virtude do soberano de justiça, longe também dessa virtude que é a do herói de Maquiavel. O desenvolvimento da razão de Estado é correlato ao desaparecimento do tema imperial. Roma, enfim, desaparece. Uma nova percepção histórica se forma; ela não é mais polarizada no fim dos tempos e na unificação de todas as soberanias particulares no império dos últimos dias; abre-se a um tempo indefinido em que os Estados têm de lutar uns contra os outros para assegurar a sua própria sobrevivência. Mais do que os problemas de legitimidade de um soberano sobre um território, o importante será o conhecimento e o desenvolvimento das forças de um Estado: num espaço "ao mesmo tempo europeu e mundial" de concorrência estatal, muito diferente daquele em que se confrontavam as rivalidades dinásticas, o problema maior é o de uma dinâmica das forças e das técnicas racionais que permitam intervir nele.

Assim, a razão de Estado, fora das teorias que a formularam e justificaram, toma forma em dois grandes conjuntos de saber e de tecnologia políticos: uma tecnologia diplomático-militar que consiste em assegurar e desenvolver as forças do Estado por um sistema de alianças e pela organização de um aparelho armado; a busca de um equilíbrio europeu, que foi um dos princípios diretores nos tratados de Westfália, é uma conseqüência dessa tecnologia política. A outra é constituída pela "polícia", no sentido que então se dava a esse termo: o conjunto dos meios necessários para fazer crescer, do interior, as forças do Estado. No ponto de junção dessas duas grandes tecnologias, e como instrumento comum, é preciso colocar o comércio e a circulação monetária interestatal: é do enriquecimento pelo comércio que se espera a possibilidade de aumentar a população, a mão-de-obra, a produção e a exportação, e de se dotar de armas fortes e numerosas. O par população-riqueza foi, na época do mercantilismo e da cameralística, o objeto privilegiado da nova razão governamental.

3. A elaboração desse problema população-riqueza (em seus diferentes aspectos concretos: fiscalidade, penúrias, despovoamentos, ociosidade-mendicância-vagabundagem) constitui uma das condições de formação da economia política. Ela se desenvolve quando se dá conta que a gestão da relação recursos-população não pode mais ser tomada, exaustivamente, como um sistema regulamentar e coercitivo que tenderia a majorar a população para aumentar os recursos. Os fisiocratas não são antipopulacionistas por oposição aos mercantilistas da época precedente; eles colocam de outra forma o problema da população. Para eles, a população não é a simples soma dos sujeitos que vivem num território, soma que seria o resultado da vontade de cada um de ter filhos ou de uma legislação que favoreceria ou desfavoreceria os nascimentos. É uma variável dependente de um certo número de fatores, que não são todos naturais (o sistema de impostos, a atividade da circulação, a repartição do lucro são determinantes essenciais da taxa de população). Mas essa dependência pode ser analisada racionalmente, de modo que a população apareça como "naturalmente" dependente de fatores múltiplos e que podem ser artificialmente modificados. Assim, começa a aparecer, numa derivação em relação à tecnologia de "polícia" e numa correlação com o nascimento da reflexão econômica, o problema político da população. Ela não é concebida como uma coleção de sujeitos de direito, nem como um conjunto de braços destinados ao trabalho; é analisada como um conjunto de elementos que, por um lado, se vinculam ao regime geral dos seres vivos (a população diz respeito,

então, à "espécie humana", noção nova na época que se deve distinguir de "gênero humano") e, por outro, pode dar vazão a intervenções articuladas (por intermédio das leis, mas também das mudanças de atitude, de maneiras de fazer e de viver que podem ser obtidas pelas "campanhas").

* * *

O seminário foi dedicado a alguns dos aspectos daquilo que os alemães chamaram, no século XVIII, a *Polizeiwissenschaft*: a teoria e a análise de tudo "aquilo que tende a afirmar e a aumentar a potência do Estado, a fazer bom emprego de suas forças, a procurar a felicidade de seus súditos" e, principalmente, "a manutenção da ordem e da disciplina, os regulamentos que tendem a lhes tornar a vida cômoda e a lhes dar aquilo que necessitam para a subsistência".

Procurou-se mostrar quais os problemas a que essa "polícia" devia responder; o quanto o papel que lhe era designado era diferente daquele que ia ser mais tarde atribuído à instituição policial; quais os efeitos que se esperava delas para assegurar o crescimento do Estado, e isso em função de dois objetivos: permitir-lhe marcar e melhorar seu lugar no jogo das rivalidades e das concorrências entre Estados europeus e garantir a ordem interna pelo "bem-estar" dos indivíduos. Desenvolvimento do Estado de concorrência (econômico-militar), desenvolvimento do Estado de *Wohlfahrt* (riqueza-tranqüilidade-felicidade), são esses dois princípios que a "polícia", entendida como a arte racional de governar, deve poder coordenar. Ela é concebida nessa época como um tipo de "tecnologia das forças estatais".

Dentre os principais objetos de que essa tecnologia deve se ocupar, está a população, na qual os mercantilistas viram um princípio de enriquecimento e na qual todo mundo reconhece uma peça essencial na força dos Estados. E, para gerir essa população, é preciso, entre outras coisas, uma política de saúde que seja suscetível de diminuir a mortalidade infantil, prevenir as epidemias e fazer baixar as taxas de endemia, intervir nas condições de vida, para modificá-las e impor-lhes normas (quer se trate da alimentação, do habitat ou da organização das cidades) e assegurar os equipamentos médicos suficientes. O desenvolvimento, a partir da segunda metade do século XVIII, daquilo que foi *chamado Medizinische Polizei, Hygiène publique, social medecine*, deve ser reinscrito nos quadros gerais de uma "biopolítica", que tende a tratar a "população" como um conjunto de seres vivos e coexistentes, que apresentem traços biológicos e patológicos particulares, e que, por conseguinte, dizem respeito a técnicas e saberes específicos. E a própria "biopolítica" deve ser compreendida a partir de um tema desenvolvido desde o século XVII: a gestão das forças estatais.

Foram realizadas exposições orais sobre a noção de *Polizeiwissenschaft* (P. Pasquino), sobre as campanhas de vacinação contra a varíola no século XVIII (A.-M. Moulin), sobre a epidemia de cólera em Paris em 1832 (F. Delaporte), sobre a legislação dos acidentes de trabalho e o desenvolvimento dos seguros no século XIX (F. Ewald).

1978-1979

Nascimento da biopolítica

O curso deste ano foi finalmente dedicado, em sua totalidade, ao que devia constituir apenas a introdução. O tema escolhido foi, portanto, a "biopolítica": entendia por "biopolítica" a maneira pela qual se tentou, desde o século XVIII, racionalizar os problemas propostos à prática governamental, pelos fenômenos próprios a um conjunto de seres vivos constituídos em população: saúde, higiene, natalidade, raças... Sabe-se o lugar crescente que esses problemas ocuparam, desde o século XIX, e as questões políticas e econômicas em que eles se constituíram até os dias de hoje.

Pareceu-me que não se podia dissociar esses problemas do quadro de racionalidade política no interior do qual surgiram e adquiriram sua acuidade. Ou seja, o "liberalismo", já que é em relação a ele que se constituíram como um desafio. Num sistema preocupado com o respeito aos sujeitos de direito e à liberdade de iniciativa dos indivíduos, como será que o fenômeno "população", com seus efeitos e seus problemas específicos, pode ser levado em conta? Em nome de que e segundo quais regras é possível geri-lo? O debate que aconteceu na Inglaterra, em meados do século XIX, sobre a legislação da saúde pública, pode servir de exemplo.

* * *

O que se deve entender por "liberalismo"? Baseei-me nas reflexões de Paul Veyne sobre os universais históricos e a necessidade de testar um método nominalista em história. Retomando determinadas escolhas de método já feitas, tentei analisar o "liberalismo" não como uma teoria, nem como uma ideologia e, ainda menos, é claro, como um modo da "sociedade se representar...", mas como uma prática, como uma "maneira de fazer" orientada para objetivos e se regulando através de uma reflexão contínua. O liberalismo deve ser analisado, então, como princípio e método de racionalização do exercício de governo — racionalização que obedece, e aí está sua especificidade, à regra interna da economia máxima. Enquanto toda a racionalização do exercício do governo visa a maximizar seus efeitos, diminuindo, o máximo possível, o custo (entendido no sentido político não menos que no econômico), a racionalização liberal parte do postulado de que o governo (trata-se, nesse caso, é claro, não da instituição "governo", mas da atividade que consiste em dirigir a conduta dos homens em quadros e com instrumentos estatais) não poderia ser seu próprio fim. Não tem em si próprio sua razão de ser e sua maximalização, mesmo nas melhores condições possíveis, não tem de ser o seu princípio regulador. Nisso, o liberalismo rompe com essa "razão de Estado", que desde o final do século XVI tinha buscado no exercício e no reforço do Estado a finalidade capaz de justificar uma governamentalidade crescente e de regular o seu desenvolvimento. A *Polizeiwissenschaft* desenvolvida pelos alemães no século XVIII — seja porque lhes faltava uma grande forma estatal, seja ainda porque a estreiteza dos recortes territoriais lhes dava acesso a unidades muito mais facilmente observáveis, considerando os instrumentos técnicos e conceituais da época — se situava sempre sob o seguinte princípio: não se dedica atenção suficiente, muita coisa está fora de controle, faltam regulação e regra para inúmeras áreas, a ordem a administração estão em falta — em suma, governa-se muito pouco. A *Polizeiwissenschaft* é a forma tomada por uma tecnologia governamental dominada pelo princípio da razão de Estado e, num determinado sentido, ela leva em conta "naturalmente" os problemas da população, que deve ser a mais numerosa e a mais ativa possível — para a força do Estado: saúde, natalidade, higiene encontram aí, portanto, sem problema, um lugar importante.

O liberalismo, por sua vez, é atravessado pelo princípio: "governa-se sempre demais" — ou, pelo menos, é preciso sempre suspeitar que se governa demais. A governamentalidade não deve se exercer sem uma "crítica", bem mais radical do que uma prova de otimização. Não deve se questionar apenas sobre os melhores meios de atingir seus efeitos (ou sobre os menos custosos), mas sobre a possibilidade e até mesmo a legitimidade de seu projeto de atingir efeitos. A suspeita de que haja sempre o risco de se governar demais leva à seguinte questão: por que, então, seria preciso governar? Daí o fato de que a crítica liberal não se separa, de jeito algum, de uma problemática nova na época, a da "sociedade": é em nome dela que se vai procurar saber por que é necessário que haja um governo, mas em que se pode privar-se dele, e sobre o que é inútil ou prejudicial que ele intervenha. A racionalização da prática governamental, em termos de razão de Estado, implicava sua maximalização em condições otimizadas, na medida em que a existência de Estado supõe imediatamente o exercício do governo. A reflexão liberal não parte da existência do Estado, encontrando no governo um meio de atingir essa finalidade que ele seria para si mesmo, mas da sociedade que vem a estar numa relação complexa de exterioridade e de interioridade em relação ao Estado. É ela — ao mesmo tempo a título de condição e de fim último — que permite não mais colocar a questão: como governar o mais possível e pelo menor custo possível?, mas esta: por que é preciso governar? Ou seja: o que torna necessário que haja um governo e que fins ele deve ter por meta em relação à sociedade, para justificar sua existência? É a idéia de sociedade que permite desenvolver uma tecnologia de governo a partir do princípio de que ele está já em si mesmo "em demasia", "em excesso" — ou, pelo menos, que ele vem se acrescentar como um suplemento, ao qual se pode e se deve sempre perguntar se é necessário e para que é útil.

Mais do que fazer da distinção Estado-sociedade civil um universal histórico e político que pode permitir questionar todos os sistemas concretos, pode-se tentar ver nela uma forma de esquematização própria a uma tecnologia particular de governo.

* * *

Não se pode, portanto, dizer que o liberalismo seja uma utopia nunca realizada — a não ser que se tomem como núcleo do liberalismo as projeções que ele foi levado a formular a partir de suas análises e de suas críticas. Não é um sonho que se choca com uma realidade e nela deixa de se inscrever. Ele constitui — e nisso está a razão de seu polimorfismo e de suas recorrências — um instrumento crítico da realidade: de uma governamentalidade anterior, da qual se se procura distinguir; de uma governamentalidade atual que se se tenta reformar e racionalizar, desvalorizando-a; de uma governamentalidade à qual se se opõe e de que se quer limitar os abusos. De modo que será possível encontrar o liberalismo em formas diferentes, porém simultâneas, como esquema regulador da prática governamental e como tema de oposição, por vezes radical. O pensamento político inglês, no final do século XVIII e na primeira metade do XIX, é bastante característico desses usos múltiplos do liberalismo. E mais particularmente ainda, as evoluções e as ambigüidades de Bentham e dos benthamistas. Na crítica liberal, é certo que o mercado como realidade e a economia política como teoria desempenharam um papel importante. Mas, como confirmou o livro importante de P. Rosanvallon, o liberalismo não é nem a conseqüência nem o desenvolvimento deles. O mercado desempenhou, na crítica liberal, um papel de "teste", de lugar de experiência privilegiada onde se pode situar os efeitos do excesso de governamentalidade e, até mesmo, medi-los: a análise dos mecanismos da "disette" ou, mais geralmente, do comércio de grãos, em meados do século XVIII, tinha o objetivo de mostrar a partir de que ponto governar era sempre governar demais. E, quer se trate do Quadro dos Fisiocratas ou da "mão invisível" de Smith e, portanto, de uma análise visando a tornar visível, em forma de "evidência", a formação do valor e da circulação das riquezas, ou quer se trate, ao contrário, de uma análise que supõe a invisibilidade intrínseca da vínculo entre a busca do lucro individual e o crescimento da riqueza coletiva, de todo modo a economia mostra uma incompatibilidade de princípio entre o desenrolar máximo do processo econômico e uma maximalização dos procedimentos governamentais. Foi por essa via, mais do que pelo jogo das noções, que os economistas franceses ou ingleses do século XVIII se separaram do mercantilismo e do cameralismo: fizeram com que a reflexão sobre a prática econômica fosse subtraída da hegemonia da razão de Estado e da saturação da intervenção governamental. Utilizando-a como medida do "governar demais", situaram-na "no limite" da ação governamental.

Sem dúvida, o liberalismo não deriva mais de uma reflexão jurídica do que de uma análise econômica. Não é a idéia de uma sociedade política fundada num laço contratual que lhe deu origem. Mas, na busca de uma tecnologia liberal de governo, revelou-se que a regulação pela forma jurídica constituía um instrumento mais eficaz do que a sabedoria ou a moderação dos governantes. (Os fisiocratas tinham mais tendência, por desconfiança em relação ao direito e à instituição jurídica, a buscar esta regulação no reconhecimento, por um déspota com poder institucionalmente ilimitado, das leis "naturais" da economia que lhe são impostas como verdade evidente.) Esta regulação foi buscada pelo liberalismo na "lei", não num jurisdicismo que lhe fosse natural, mas porque a lei define formas de intervenções gerais exclusivas de medidas particulares, individuais, excepcionais, e porque a participação dos governados na elaboração da lei, num sistema parlamentar, constitui o sistema mais eficaz de economia governamental. "O Estado de direito", o *Rechtsstaat*, o *Rule of Law*, a organização de um sistema parlamentar "realmente representativo" estão vinculados, durante todo o começo do século XIX, ao liberalismo, mas do mesmo modo que a economia política, utilizada a princípio como critério da governamentalidade excessiva, não era liberal nem por natureza, nem por virtude, tendo induzido, rapidamente, atitudes antiliberais (tanto na *Nationaloekonomie* do século XIX quanto nas economias planificadoras do XX), também a democracia e o Estado de direito não foram forçosamente liberais, nem o liberalismo forçosamente democrático e nem mesmo vinculado às formas do direito.

Portanto, mais do que uma doutrina mais ou menos coerente, mais do que uma política procurando atingir um certo número de objetivos mais ou menos definidos, eu tenderia a ver no liberalismo uma forma de reflexão crítica sobre a prática governamental; esta crítica pode vir do interior ou do exterior; pode se apoiar numa determinada teoria econômica ou se referir a um determinado sistema jurídico, sem vínculo necessário e unívoco. A questão do liberalismo, entendida como questão do "governar demais", foi uma das dimensões constantes desse fenômeno recente na Europa, e surgiu, ao que parece, primeiro na Inglaterra, como "vida política". Essa questão é, inclusive, um dos elementos constituintes dessa "vida política", se é que existe "vida política" quando a prática governamental encontra-se limitada em seu excesso possível, pelo fato de que ela é objeto de debate público quanto a seu "bem ou mal", quanto a sua "demasia ou carência".

* * *

É claro que não se trata aqui de uma "interpretação" do liberalismo com pretensões exaustivas, mas de um plano de análise possível — o da "razão governamental", ou seja, dos tipos de racionalidade que atuam nos procedimentos através dos quais se dirige a conduta dos homens por meio de uma administração estatal. Tentei realizar uma análise como esta a partir de dois exemplos contemporâneos: o liberalismo alemão dos anos 1948-

62 e o liberalismo norte-americano da escola de Chicago. Nos dois casos, o liberalismo se apresentou, num contexto muito definido, como uma crítica da irracionalidade própria ao excesso de governo e como um retorno a uma tecnologia de "governo frugal", como teria dito Franklin.

Na Alemanha, esse excesso era o regime de guerra, o nazismo, mas, para além dele, um tipo de economia dirigista e planificada, oriunda do período 1914-18 e da mobilização geral dos recursos e dos homens; era também o "socialismo de Estado". De fato, o liberalismo alemão do segundo pós-guerra foi definido, programado e, em parte, aplicado por homens que, a partir dos anos 1928-30, haviam pertencido à escola de Freiburg (ou, pelo menos, foram inspirados por ela) e que se expressaram mais tarde na revista *Ordo*. No ponto de cruzamento da filosofia neokantiana, da fenomenologia de Husserl e da sociologia de Max Weber, próximas em alguns pontos dos economistas vienenses, preocupados com a correlação manifesta na história entre processos econômicos e estruturas jurídicas, homens como Eucken, W. Roepke, Franz Böhm, Von Rustow tinham dirigido suas críticas em três frentes políticas diferentes: o socialismo soviético, o nacional-socialismo, as políticas intervencionistas inspiradas por Keynes; dirigiram-se, porém, ao que consideravam como um adversário único: um tipo de governo econômico sistematicamente ignorante dos mecanismos de mercado capazes de assegurar a regulação formadora dos preços. O ordo-liberalismo, ao se debruçar sobre os temas fundamentais da tecnologia liberal de governo, tentou definir o que poderia ser uma economia de mercado, organizada (mas não planificada nem dirigida) no interior de quadros institucionais ou jurídicos que, por uma lado, oferecesse as garantias e as limitações da lei, e, por outro, assegurasse que a liberdade dos processos econômicos não produzisse distorção social. A primeira parte do curso foi dedicada ao estudo desse ordo-liberalismo, que havia inspirado a escolha econômica da política geral da República Federal da Alemanha, na época de Adenauer e de Ludwig Ehrard.

A segunda parte foi dedicada a alguns aspectos do que se chama o neoliberalismo americano, que é identificado, de uma maneira geral, à escola de Chicago. Ele também se desenvolveu em relação a esse "excesso de governo", que era representado, no seu entender, desde Simons, pela política do *New Deal*, pela planificação de guerra e pelos grandes programas econômicos e sociais, sustentados, na maior parte do tempo, durante o pós-guerra, pelas administrações democratas. Como nos ordo-liberais alemães, a crítica feita em nome do liberalismo econômico se legitima no perigo que representaria a inevitável seqüência: intervencionismo econômico, inflação dos aparelhos governamentais, administração excessiva, burocracia, rigidificação de todos os mecanismos de poder, ao mesmo tempo que se produziriam novas distorções econômicas, introdutoras de novas intervenções. Mas o que chamou a atenção nesse neoliberalismo americano foi o movimento completamente oposto ao que se encontra na economia social de mercado na Alemanha: enquanto esta considera que a regulação dos preços no mercado — único fundamento de uma economia racional — é em si tão frágil que ela deve ser sustentada, organizada, "ordenada" por uma política interna e vigilante de intervenções sociais (implicando ajudas aos desempregados, coberturas de necessidades de saúde, uma política de habitação etc.), esse neoliberalismo americano busca estender a racionalidade do mercado, os esquemas de análise que ela propõe e os critérios de decisão que sugere a domínios não exclusivamente ou não prioritariamente econômicos. No caso, a família e a natalidade ou a delinqüência e a política penal.

O que deveria, portanto, ser estudado agora é a maneira como os problemas específicos da vida e da população foram colocados no interior de uma tecnologia de governo que, sem nunca ter sido liberal, não cessou de estar obcecada, desde o final do século XVIII, pela questão do liberalismo.

* * *

O seminário foi dedicado este ano à crise do pensamento jurídico nos últimos anos do século XIX. Exposições orais foram feitas por François Ewald (sobre o direito civil), Catherine Mewel (sobre o direito público e administrativo), Eliane Allo (sobre o direito à vida, na legislação sobre as crianças), Nathalie Coppinger e Pasquale Pacquino (sobre o direito penal), Alexandre Fontana (sobre as medidas de segurança), François Delaporte e Anne-Marie Moulin (sobre a polícia e a política de saúde).

1979-1980
Do governo dos vivos

O curso deste ano apoiou-se nas análises feitas nos anos precedentes sobre a noção de "governo", entendida no sentido amplo de técnicas e procedimentos destinados a dirigir a conduta dos homens. Governo das crianças, governo das almas ou das consciências, governo de uma casa, de um Estado ou de si mesmo. No interior desse quadro muito geral, estudou-se o problema do exame de consciência e da confissão.

Tommaso de Vio, ao falar do sacramento da penitência, chamava "ato de verdade" a confissão dos pecados. Conservamos esta palavra com o sentido que Tommaso de Vio Cajetan lhe atribuía. A questão colocada é, então, esta: como é possível que, na cultura ocidental cristã, o governo dos homens exija daqueles que são dirigidos, para além de atos de obediência e de submissão, "atos de verdade" que têm como particularidade o fato de que não somente o sujeito é obrigado a dizer a verdade, mas dizer a verdade sobre si mesmo, suas faltas, seus desejos, seu estado d'alma etc.? Como se formou um tipo de governo dos homens em que não é mais exigido simplesmente obedecer, mas manifestar, enunciando aquilo que se é?

Depois de uma introdução teórica sobre a noção de "regime de verdade", a maior parte do curso foi dedicada aos procedimentos de exame das almas e da confissão no cristianismo primitivo. Dois conceitos devem ser reconhecidos, correspondendo cada um deles a uma prática particular: a *exomologese* e a *exagoreusis*. O estudo da exomologese mostra que esse termo é empregado freqüentemente num sentido muito amplo: designa um ato destinado a manifestar, ao mesmo tempo, uma verdade e a adesão do sujeito a essa verdade; fazer a exomologese da sua crença não é simplesmente afirmar o que se acredita, mas afirmar o fato dessa crença; é fazer do ato de afirmação um objeto de afirmação, e logo legitimá-lo, seja por si mesmo, seja diante dos outros. A exomologese é uma afirmação enfática, cuja ênfase diz respeito, antes de tudo, ao fato de que o próprio sujeito se liga a essa afirmação, e aceita suas conseqüências.

A exomologese como "ato de fé" é indispensável ao cristão para que as verdades reveladas e ensinadas não sejam mais simplesmente questão de crenças que ele aceita, mas de obrigações através das quais ele se engaja — obrigação de manter suas crenças, de aceitar a autoridade que as legitima, de fazer eventualmente profissão pública delas, de viver em conformidade com elas etc. Mas um outro tipo de exomologese é encontrado muito cedo: é a exomologese dos pecados. Ainda nesse caso, é preciso fazer distinções: reconhecer que foram cometidos pecados é uma obrigação imposta tanto aos catecúmenos que postulam o batismo quanto aos cristãos que tenham estado sujeitos a quaisquer falhas: a esses, a *Didascália* prescreve a exomologese de suas faltas na assembléia. Ora, essa "confissão" parece não ter tomado, então, a forma de um enunciado público e detalhado das faltas cometidas, mas sim a de um rito coletivo, ao longo do qual cada um, de si para si, se reconhecia pecador diante de Deus. A exomologese das faltas assume sua especificidade no que diz respeito às faltas graves e, em particular, à idolatria, ao adultério e ao homicídio, como no caso de perseguições e de apostasia: torna-se uma condição da reintegração e está vinculada a um rito público complexo. A história das práticas de penitência, do século II ao século V, mostra que a exomologese não tinha, então, a forma de uma confissão verbal analítica das diferentes faltas com suas circunstâncias, e que não alcançava a remissão, pelo fato de que era feita em forma canônica, a alguém que houvesse recebido poder de perdoá-las. Com o ritual da penitência se adquiria um estatuto que terminava (muitas vezes sobre o leito de morte) com um segundo cerimonial. Entre esses dois momentos, o penitente fazia a exomologese de suas faltas através de suas macerações, suas austeridades, seu modo de vida, suas vestimentas, a atitude manifesta de arrepender-se — em suma, por toda uma dramaticidade, na qual a expressão verbal não tinha o papel principal, e onde parece ter estado ausente toda enunciação analítica das faltas em sua especificidade. Pode ser que antes da reconciliação um rito especial tenha acontecido e que lhe tenha sido aplicado, de modo mais particular, o nome de "exomologese". Mas, mesmo nesse caso, tratava-se sempre de uma expressão dramática e sintética pela qual o pecador reconhecia diante de todos o fato de ter pecado; ele atestava esse reconhecimento numa manifestação que, ao mesmo tempo, ligava-o visivelmente a um estado de pecador e preparava a sua libertação. A verbalização da confissão dos pecados na penitência canônica só se fará sistematicamente mais tarde, primeiro com a prática da penitência tarifada, depois, a partir dos séculos XII e XIII, quando será organizado o sacramento de penitência. Nas instituições monásticas, a prática de confissão tomou formas totalmente outras (o que não exclui, quando o monge tivesse cometido faltas de uma certa importância, o recurso a formas de exomologese diante da comunidade em assembléia). Para estudar essas práticas de confissão na vida monástica, recorreu-se ao estudo mais detalhado das *Instituições cenobíticas* e das *Conferências* de Cassiano, encaradas sob o ângulo das técnicas de direção espiritual. Três aspectos, sobretudo, foram analisados: o modo de dependência em relação ao ancião ou ao mestre, a maneira de conduzir o exame de sua própria consciência e o dever de dizer a totalidade dos movimentos do pensamento numa formulação que se propusesse exaustiva: a *exagoreusis*. Sobre esses três pontos, diferenças consideráveis aparecem com os procedimentos de direção de consciência que se podem encontrar na filosofia antiga. Esquematicamente, pode-se dizer que, na instituição monástica, a relação com o mestre toma a forma de uma obediência condicional e permanente que abrange todos os aspectos da vida e não deixa, em princípio, ao noviço nenhuma margem de iniciativa; se o valor dessa relação depende da qualificação do mestre, é verdade que, por si mesma, a forma da obediência, qualquer que seja o objeto que ela abrange, detém um valor positivo; enfim, se a obediência é indispensável aos noviços, e se os mestres são, em princípio, anciãos, a relação de idade não é, em si mesma, suficiente para justificar essa relação — pois a capacidade de dirigir é um carisma e a obediência deve constituir, na forma da humildade, uma relação permanente consigo mesmo e com os outros.

O exame de consciência também é muito diferente daquele recomendado nas escolas filosóficas da Antigüidade. Assim como ele, comporta, sem dúvida, duas grandes formas: o recolhimento vesperal para a meditação sobre o dia que passou e a vigilância permanente de si mesmo. É esta segunda forma, sobretudo, que é importante no monasticismo, tal como o descreve Cassiano. Seus procedimentos mostram bem que não se trata de determinar o que é preciso fazer para que não se cometa falta, e nem mesmo de reconhecer se não se cometeu falta, naquilo que se pôde fazer. Trata-se de apreender o movimento do pensamento (cogitatio=logismos), de examiná-lo bem a fundo para compreender a sua origem e decifrar de onde ela vem (de Deus, de si mesmo ou do diabo) e fazer uma seleção (que Cassiano descreve utilizando várias metáforas, das quais a mais importante é, de fato, a do cambista que verifica as moedas). A "mobilidade da alma", à qual Cassiano dedica uma das *Conferências* mais interessantes — nela, ele relata os propósitos do abade Serenus —, constitui o domínio de exercício de um exame de consciência que, vê-se bem, tem o papel de tornar possível a unidade e a permanência da contemplação.

Quanto à confissão prescrita por Cassiano, não é a simples anunciação das faltas cometidas, nem uma exposição global do estado d'alma; deve tender à verbalização permanente de todos os movimentos do pensamento. Essa confissão permite ao diretor espiritual dar conselhos e fazer um diagnóstico; é assim que Cassiano relata exemplos de consulta, nos quais acontece de muitos anciãos participarem e darem suas opiniões. Mas a verbalização comporta também efeitos intrínsecos devidos unicamente ao fato de transformar movimentos da alma em enunciados dirigidos a um outro. Em particular, a "triagem", que é um dos objetivos do exame, é feita pela verbalização, graças ao triplo mecanismo da vergonha, que faz enrubescer quando se formula um mau pensamento, pela realização material por palavras pronunciadas daquilo que se passa na alma e pela incompatibilidade do Demônio (que seduz e que engana, escondendo-se nas dobras da consciência) com a luz que os descobre. Trata-se, portanto, na confissão assim entendida, de uma exteriorização permanente palas palavras dos "arcanos" da consciência.

A obediência incondicional, o exame ininterrupto e a confissão exaustiva formam, portanto, um conjunto onde cada elemento implica os dois outros; a manifestação verbal da verdade que se esconde no fundo de si mesma aparece como uma peça indispensável ao governo dos homens uns pelos outros, tal como foi realizado nas instituições monásticas — e sobretudo cenobíticas — a partir do século IV. Mas é preciso sublinhar que essa manifestação não tem a finalidade de estabelecer o domínio soberano de si sobre si; o que se espera dela, ao contrário, é a humildade e a mortificação, o distanciamento em relação a si e a constituição de uma relação a si que tende à destruição da forma do si.

* * *

O seminário deste ano foi dedicado a alguns aspectos do pensamento liberal do século XIX. Aulas expositivas foram dadas por N. Coppinger sobre o desenvolvimento econômico no final do século XIX, por D. Deleule sobre a escola histórica escocesa, P. Rosanvallon sobre Guizot, F. Ewald sobre Saint-Simon e os saint-simonianos, P. Pacquino sobre o lugar de Menger na história do liberalismo, A. Schultz sobre a epistemologia de Menger, e C. Mevel sobre as noções de vontade geral e interesse geral.

1980-1981

Subjetividade e verdade

O curso deste ano deverá ser objeto de uma publicação futura. Portanto, será suficiente fornecer, por ora, um rápido sumário.

Com o título geral de "subjetividade e verdade", inicia-se uma pesquisa sobre os modos instituídos do conhecimento de si e sobre a sua história: como um sujeito foi estabelecido, em diferentes momentos e em diferentes contextos institucionais, como objeto de conhecimento possível, desejável ou até mesmo indispensável? Como a experiência que se pode fazer de si mesmo e o saber que se pode fazer de si mesmo, e o saber que deles formamos, foram organizados através de alguns esquemas? Como esses esquemas foram definidos, valorizados, recomendados, impostos? É claro que nem o recurso a uma experiência originária, nem o estudo das teorias filosóficas da alma, das paixões ou do corpo podem servir de eixo central numa pesquisa como essa. O fio condutor que parece ser o mais útil, nesse caso, é constituído por aquilo que poderia se chamar de "técnicas de si", isto é, os procedimentos, que, sem dúvida, existem em toda civilização, pressupostos ou prescritos aos indivíduos para fixar sua identidade, mantê-la ou transformá-la em função de determinados fins, e isso graças a relações de domínio de si sobre si ou de conhecimento de si por si. Em suma, trata-se de recolocar o imperativo do "conhecer-se a si mesmo", que nos parece tão característico de nossa civilização, na interrogação mais ampla e que lhe serve de contexto mais ou menos explícito: que fazer de si mesmo? Que trabalho operar sobre si? Como "se governar", exercendo ações onde se é o objetivo dessas ações, o domínio em que elas se aplicam, o instrumento ao qual podem recorrer e o sujeito que age?

O *Alcibíades* de Platão pode ser considerado como o ponto de partida: a questão do "cuidado de si" — *epimeleïa heautou* — aparece nesse texto como o quadro geral no interior do qual o imperativo do conhecimento de si adquire significação. Os estudos possíveis de serem feitos a partir daí poderíam formar, assim, uma história do "cuidado de si", entendido como experiência e, também, como técnica elaborada e transformando essa experiência. Um projeto como esse encontra-se no cruzamento de dois temas tratados anteriormente: uma história da subjetividade e uma análise das formas da "governamentalidade". A história da subjetividade havia sido empreendida ao se estudar as separações operadas na sociedade em nome da loucura, da doença, da delinqüência e seus efeitos sobre a constituição de um sujeito racional e normal; havia sido empreendida, também, ao se tentar determinar os modos de objetivação do sujeito em saberes, como os que dizem respeito à linguagem, ao trabalho e à vida. Quanto ao estudo da "governamentalidade", respondia a um duplo objetivo: fazer a crítica necessária às conceituações correntes do "poder" (mais ou menos confusamente pensado como um sistema unitário, organizado em torno de um centro que é, ao mesmo tempo, a sua fonte e que é levado por sua dinâmica interna a se estender sempre); analisá-lo, ao contrário, como um domínio de relações estratégicas entre indivíduos ou grupos — relações que têm como questão central a conduta do outro ou dos outros, e que podem recorrer a técnicas e procedimentos diversos, dependendo dos casos, dos quadros institucionais em que ela se desenvolve, dos grupos sociais ou das épocas; os estudos já publicados sobre o enclausuramento e as disciplinas, os cursos dedicados à razão de Estado e à "arte de governar", o volume em preparação, em colaboração com Arlette Farge, sobre as *Lettres de cachet* no século

XVIII constituem elementos dessa análise da "governamentalidade".

A história do "cuidado" e das "técnicas" de si seria, portanto, uma maneira de fazer a história da subjetividade; porém, não mais através da separação entre loucos e não loucos, doentes e não doentes, delinqüentes e não delinqüentes, não mais através da constituição de campos de objetividade científica, dando lugar ao sujeito que vive, que fala e que trabalha. Mas através do empreendimento e das transformações, na nossa cultura, das "relações consigo mesmo", com seu arcabouço técnico e seus efeitos de saber. Seria possível, assim, retomar num outro aspecto a questão da "governamentalidade": o governo de si por si na sua articulação com as relações com o outro (como é encontrado na pedagogia, nos conselhos de conduta, na direção espiritual, na prescrição dos modelos de vida etc.).

* * *

O estudo feito este ano delimitou esse quadro geral de dois modos. Limitação histórica: foi estudado aquilo que na cultura helênica e romana havia sido desenvolvido como "técnica de vida", "técnica de existência", nos filósofos, moralistas, e médicos, do período que vai do primeiro século antes de Cristo ao segundo século depois. Limitação também de domínio: essas técnicas de vida só foram abordadas na sua aplicação a esse tipo de ato que os gregos chamavam *aphrodisia*, e para o qual vê-se bem que a nossa noção de "sexualidade" constitui uma tradução bastante inadequada. O problema colocado, portanto, foi este: como as técnicas de vida, filosóficas e médicas, definiram e regraram, na véspera do desenvolvimento do cristianismo, a prática dos atos sexuais — a *chrêsis aphrodisiôn*? Vê-se o quanto se está longe de uma história da sexualidade organizada em torno da boa velha hipótese repressiva e de suas questões habituais (como e por que o desejo é reprimido?). Trata-se dos atos e dos prazeres, e não do desejo.

Trata-se da formação de si através das técnicas de vida e não do recalque pelo interdito e pela lei. Trata-se de mostrar não como o sexo foi mantido à distância, mas como se organizou essa grande história que vincula, nas nossas sociedades, o sexo e o sujeito.

Seria totalmente arbitrário relacionar a um momento dado a emergência primeira do "cuidado de si" quanto aos atos sexuais. Mas o recorte proposto (em torno das técnicas de si, nos séculos que precedem imediatamente o cristianismo) é justificável. É certo, com efeito, que a "tecnologia de si" — reflexão sobre os modos de vida, sobre as escolhas de existência, sobre o modo de regular a sua conduta, de se fixar a si mesmo fins e meios — conheceu, no período helenístico e romano, um grande desenvolvimento, a ponto de ter absorvido uma boa parte da atividade filosófica. Esse desenvolvimento não pode ser dissociado do crescimento da sociedade urbana, das novas distribuições do poder político, nem da importância tomada pela nova aristocracia de serviço no Império Romano. Esse governo de si, com as técnicas que lhe são próprias, toma lugar "entre" as instituições pedagógicas e as religiões da salvação. Por "governo de si" não se deve entender uma sucessão cronológica, mesmo se é verdade que foi a questão da formulação dos futuros cidadãos que suscitou mais interesse e reflexão na Grécia clássica, e que a questão da vida após a morte e do além provocou mais ansiedade em épocas tardias. Não se pode tampouco considerar que pedagogia, governo de si e salvação constituíam três domínios perfeitamente distintos e que operavam com noções e métodos diferentes; de fato, entre um e outro havia muitas trocas e uma continuidade certa. Isso não significa que a tecnologia de si destinada ao adulto não possa ser analisada na especificidade e na amplidão que assumiu nessa época, se for separada da sombra que, retrospectivamente, pôde lançar sobre ela o prestígio das instituições pedagógicas e das religiões de salvação.

Ora, essa arte do governo de si tal como se desenvolveu no período helenístico e romano é importante para a ética dos atos sexuais e para a sua história. Com efeito, é aí — e não no cristianismo — que se formularam os princípios do famoso esquema conjugal cuja história foi bastante longa: exclusão de toda atividade sexual a não ser da relação entre esposos, destinação procriadora desses atos a despeito de uma finalidade de prazer, função afetiva da relação sexual no laço conjugal. Mas ainda há mais: é nessa tecnologia de si que se desenvolve uma forma de inquietação em relação aos atos sexuais e seus efeitos, cuja paternidade tendeu-se demasiadamente a atribuir ao cristianismo (quando não, ao capitalismo ou à "moral burguesa"!). Decerto, a questão dos atos sexuais está longe de ter, então, a importância que terá em seguida na problemática cristã da carne e da concupiscência; a questão, por exemplo, da cólera ou da ruína ocupa, certamente, muito mais os moralistas helenísticos e romanos do que a das relações sexuais; mas, mesmo se seu lugar na ordem das preocupações está longe de ser o primeiro, é importante notar a maneira como essas técnicas de si vinculam ao conjunto da existência o regime dos atos sexuais.

* * *

Foram privilegiados, no curso deste ano, quatro exemplos dessas técnicas de si em sua relação com o regime das *Aphrodisia*.

1. A interpretação dos sonhos. A *Onirocritica* de Artemídores, nos capítulos 78-80 do livro I, constitui, nesse campo, o documento fundamental. A questão que se encontra aí colocada não diz respeito diretamente à prática dos atos sexuais, mas sim ao uso a ser feito dos sonhos em que eles são representados. Trata-se, nesse texto, de fixar o valor prognóstico que é preciso lhes dar na vida de todos os dias: quais acontecimentos favoráveis ou desfavoráveis pode-se esperar a partir do tipo de relação sexual que o sonho apresentou? Um texto como esse não prescreve, evidentemente, uma moral, mas revela, através do jogo das significações positivas ou negativas que concede às imagens do sonho, um jogo

de correlações (entre os atos sexuais e a vida social) e um sistema de apreciações diferenciais (hierarquizando os atos sexuais, uns em relação aos outros).

2. Os regimes médicos. Propõem-se, diretamente, a estabelecer uma medida para os atos sexuais. É curioso que essa medida não diga respeito, praticamente nunca, à forma do ato sexual (natural ou não, normal ou não), mas à sua freqüência e ao seu momento. Somente são levadas em consideração as variáveis quantitativas e circunstanciais. O estudo do grande edifício teórico de Galiano mostra bem o laço estabelecido, no pensamento médico e filosófico, entre os atos sexuais e a morte dos indivíduos (é porque cada ser vivo está fadado à morte, embora a espécie deva viver eternamente, que a natureza inventou o mecanismo da reprodução sexual); ela mostra também o elo estabelecido entre o ato sexual e o gasto considerável, violento, paroxístico, perigoso, do princípio vital que ele acarreta. O estudo dos regimes propriamente ditos (Rufus de Éfeso, Ateneu, Galiano, Soranus) mostra, através das infinitas precauções recomendadas, a complexidade e a tenuidade das relações estabelecidas entre os atos sexuais e a vida do indivíduo: extrema sensibilidade do ato sexual em todas as circunstâncias externas ou internas que podem torná-lo nocivo; imensa extensão dos efeitos de cada ato sexual sobre todas as partes e os componentes do corpo.

3. A vida de casados. Os tratados que dizem respeito ao casamento foram numerosos no período considerado. Aquilo que resta de Musonius Rufus, de Antipater de Tarso ou de Hiérocles, assim como as obras de Plutarco, mostra não somente a valorização do casamento (que parece corresponder, no dizer dos historiadores, a um fenômeno social), mas uma concepção nova da relação matrimonial: aos princípios tradicionais da complementaridade dos dois sexos, necessária para a ordem da "casa", soma-se o ideal de uma relação dual, envolvendo todos os aspectos da vida dos dois cônjuges, e estabelecendo, de maneira definitiva, os laços afetivos pessoais. Nessa relação, os atos sexuais devem encontrar

seus lugares exclusivos (condenação, conseqüentemente, do adultério, entendido por Musonius Rufus não mais como o fato de atentar contra os privilégios de um marido, mas contra o laço conjugal que liga tanto o marido quanto a mulher). Assim, devem ser subordinados à procriação, já que essa é o fim dado pela natureza ao casamento. Devem, enfim, obedecer a uma regulação interna exigida pelo pudor, a ternura recíproca, o respeito do outro (é em Plutarco que se encontram, sobre este último ponto, as indicações mais numerosas e mais preciosas).

4. A escolha dos amores. A comparação clássica entre os dois amores — pelas mulheres e pelos rapazes — aparece, no período considerado, em dois textos importantes: o *Diálogo sobre o amor* de Plutarco e os *Amores* do Pseudo-Luciano. A análise desses dois textos atesta a permanência de um problema que a época clássica conhecia bem: a dificuldade em dar estatuto e justificação às relações sexuais na relação pederástica. O diálogo do Pseudo-Luciano termina, ironicamente, com a evocação precisa desses atos que a Erótica dos rapazes procurava elidir em nome da amizade, da virtude e da pedagogia. O texto, muito mais elaborado, de Plutarco faz aparecer a reciprocidade do consentimento do prazer como um elemento essencial nas *Aphrodisia*; mostra que tal reciprocidade no prazer só pode existir entre um homem e uma mulher; melhor ainda, na conjugalidade, na qual serve para renovar, regularmente, o pacto do casamento.

1981-1982

A hermenêutica do sujeito

O curso deste ano foi dedicado à formação do tema da hermenêutica de si. Tratava-se de estudá-lo não somente em suas formulações teóricas, mas de analisá-lo em relação ao conjunto de práticas que tiveram uma grande importância na Antigüidade clássica ou tardia. Essas práticas diziam respeito àquilo que se chamava freqüentemente, em grego, *epimeleïa heautou*; em latim, *cura sui*. Esse princípio de "ocupar-se de si", de "cuidar de si mesmo", é, sem dúvida, a nosso ver, obscurecido pelo brilho do *Gnôthi seauton*. Mas é preciso lembrar que a regra de ter de se conhecer a si mesmo foi regularmente associada ao tema do cuidado de si. Na cultura antiga como um todo, é fácil encontrar testemunhos da importância dada ao "cuidado de si" e de sua conexão com o tema do conhecimento de si.

Em primeiro lugar, no próprio Sócrates. Na *Apologia*, vê-se Sócrates se apresentar a seus juízes como o mestre do cuidado de si. É aquele que interpela as pessoas que passam e lhes diz: vos ocupais de vossas riquezas, e de vossa reputação e de vossas honras, mas não vos preocupais com vossa virtude e vossa alma. Sócrates é aquele que zela para que seus concidadãos "cuidem de si mesmos". Ora, a respeito desse papel, Sócrates diz um pouco adiante, na mesma *Apologia*, três coisas importantes: é uma missão que lhe foi confiada pelo deus e que não a abandonará antes de seu último suspiro; é uma tarefa desinteressada para a qual não pede nenhuma retribuição, cumpre-a por pura benevolência;

enfim, é uma função útil para a cidade, mais útil até que a vitória de um atleta em Olímpia, pois ao ensinar aos cidadãos a ocuparem-se de si mesmos (mais do que de seus bens) ensina-lhes também a ocuparem-se da própria cidade (mais do que de seus negócios materiais). Ao invés de o condenar, seus juízes fariam melhor recompensando Sócrates por ter ensinado aos outros a cuidarem si mesmos.

Oito séculos mais tarde, a mesma noção de *epimeleïa heautou* aparece com um papel igualmente importante em Gregório de Nícia. Ele designa com esse termo o movimento pelo qual se renuncia ao casamento, se separa da carne, e pelo qual, graças à virgindade do coração e do corpo, se encontra a imortalidade de que o homem foi privado. Numa outra passagem do *Tratado da virgindade*, ele faz da parábola da dracma perdida o modelo do cuidado de si: por uma dracma perdida, é preciso acender a lâmpada, revirar toda a casa, explorar todos os seus cantos até que se veja brilhar no escuro o metal da moeda; do mesmo modo, para encontrar a esfinge que Deus imprimiu em nossa alma e que o corpo recobriu de mancha, é preciso "cuidar de si mesmo", acender a luz da razão e explorar todos os cantos da alma. Vê-se: o ascetismo cristão, tal como a filosofia antiga, se coloca sob o signo do cuidado de si e faz da obrigação de ter de se conhecer um dos elementos dessa preocupação essencial.

Entre esses dois marcos extremos — Sócrates e Gregório de Nícia —, pode-se constatar que o cuidado de si constituiu não somente um princípio, mas uma prática constante. Pode-se tomar dois outros exemplos, muito distantes, desta vez, pelo modo de pensamento e pelo tipo de moral. Um texto epicurista, *A carta de Meneceu*, começa assim: "Nunca é cedo demais ou tarde demais para cuidar de sua alma. Deve-se, portanto, filosofar quando se é jovem e quando se é velho." A filosofia está assimilada ao cuidado com a alma (o termo é precisamente médico: *hugiainein*), e esse cuidado é uma tarefa que deve ser seguida ao longo de toda a vida.

No *Tratado da vida contemplativa*, Fílon designa assim uma determinada prática dos Terapeutas como uma *epimeleïa* da alma.

Entretanto, não se deve parar por aí. Seria um erro acreditar que o cuidado de si foi uma invenção do pensamento filosófico e que constituiu um preceito próprio à vida filosófica. Era, de fato, um preceito de vida, de um modo geral altamente valorizado na Grécia. Plutarco cita um aforisma lacedemônio que, desse de ponto de vista, é muito significativo. Perguntou-se, um dia, a Alexandride, por que seus compatriotas, os esparciatas, confiavam a cultura de suas terras a escravos, ao invés de reservarem para si essa atividade. A resposta foi a seguinte: "porque preferimos nos ocupar de nós mesmos". Ocupar-se de si é um privilégio, é a marca de uma superioridade social, por oposição àqueles que devem se ocupar dos outros para servi-los ou ainda se ocupar de um ofício para poder viver. A vantagem concedida pela riqueza, pelo status, pelo nascimento se traduz no fato de se ter a possibilidade de se ocupar de si mesmo. Pode-se notar que a concepção romana do *otium* não deixa de se relacionar com esse tema: o "lazer" aqui designado é, por excelência, o tempo que se passa se ocupando de si mesmo. Nesse sentido, a filosofia, na Grécia e em Roma, só fez transpor, no interior de suas exigências próprias, um ideal social muito difundido.

Em todo caso, mesmo tornado um princípio filosófico, o cuidado de si ficou sendo uma forma de atividade. O próprio termo de *epimeleïa* não designa simplesmente uma atitude de consciência ou uma forma de atenção sobre si mesmo; designa uma ocupação regulada, um trabalho com prosseguimentos e objetivos. Xenofonte, por exemplo, utiliza a palavra *epimeleïa* para designar o trabalho do dono de casa que dirige sua exploração agrícola. É uma palavra que se utiliza também para designar os deveres rituais que se deve aos deuses e aos mortos. A atividade do soberano que zela sobre o seu povo e dirige a sua cidade é chamada, por Dioniso de Prusa, *epimeleïa*. Será preciso, então, compreender quando os filósofos e moralistas recomendarão o cuidado de si (*epimeleïsthai heautô*), não aconselhando simplesmente prestar atenção em si mesmo, evitar as faltas ou os perigos ou se proteger. Referem-se a um campo de atividades complexas e reguladas. Pode-se dizer que, em toda filosofia antiga, o cuidado de si foi considerado, ao mesmo tempo, como um dever e como uma técnica, uma obrigação fundamental e um conjunto de procedimentos cuidadosamente elaborados.

* * *

O ponto de partida de um estudo dedicado ao cuidado de si é, naturalmente, o *Alcibíades*. Nele, três questões dizem respeito à relação do cuidado de si com a política, com a pedagogia e com o conhecimento de si. A confrontação do *Alcibíades* com os textos do primeiro e segundo séculos mostram muitas transformações importantes.

1. Sócrates recomendava a Alcibíades que aproveitasse a sua juventude para se ocupar de si mesmo: "com 50 anos, seria tarde demais". Mas Epicuro dizia: "quando se é jovem, não se deve hesitar em filosofar, e quando se é velho não se deve hesitar em filosofar. Nunca é cedo demais nem tarde demais para cuidar da alma". Esse princípio do cuidado perpétuo, ao longo de toda a vida, é, claramente, o mais importante para ele. Musonius Rufus, por exemplo: "É preciso cuidar-se sempre, caso se queria viver de modo salutar." Ou Galiano: "Para se tornar um homem realizado, cada um precisa se exercer, digamos, durante toda a sua vida", se é verdade que é melhor "ter zelado pela alma, desde a mais tenra idade".

De fato, os amigos aos quais Sêneca ou Plutarco dão conselhos não são mais, em absoluto, os adolescentes ambiciosos aos quais Sócrates se dirigia: são homens, às vezes jovens (como Serenus), às vezes em plena maturidade (como Lucílius, que exercia o cargo de procurador da Sicília quando Sêneca e ele trocaram uma longa correspondência espiritual). Epiteto ensinava a alunos ainda bem jovens, mas acontecia também de interpelar adultos — e até mesmo "personagens consulares" — para lhes lembrar o cuidado de si.

Ocupar-se de si não é, portanto, uma simples preparação momentânea para a vida; é uma forma de vida. Alcibíades se dava conta de que devia se preocupar consigo na medida em que queria, em seguida, ocupar-se dos outros. Trata-se agora de ocupar-se de si, por si mesmo. Deve-se ser, para si mesmo e ao longo de toda sua existência, seu próprio objeto.

Daí a idéia da conversão a si (*ad se convertere)*, a idéia de todo um movimento de existência pelo qual se volta sobre si mesmo (*eis heauton epistrepheïn)*. Sem dúvida, o tema da *epistrophè* é um tema tipicamente platônico. Mas (já se pôde ver no *Alcibíades)*, o movimento pelo qual a alma se volta para ela mesma é um movimento pelo qual o olhar é atraído para "o alto" — para o elemento divino, para as essências e para o mundo supraceleste em que são visíveis. O retorno ao qual convidam Sêneca, Plutarco e Epiteto é, de certa forma, um retorno no mesmo lugar: não há outro fim nem outro termo a não ser estabelecer-se junto a si mesmo, "residir em si mesmo" e aí permanecer. O objetivo final da conversão a si é estabelecer um certo número de relações consigo mesmo. Essas relações são, por vezes, concebidas a partir do modelo jurídico-político: ser soberano de si mesmo, exercer sobre si mesmo um domínio perfeito, ser plenamente independente, ser completamente "de si" (*fieri suum*, diz freqüentemente Sêneca). São também representadas, muitas vezes, a partir do modelo do gozo possessivo: gozar de si, ter prazer consigo mesmo, encontrar em si toda a sua volúpia.

2. Uma segunda grande diferença diz respeito à pedagogia. No *Alcibíades*, a preocupação consigo se impunha em razão dos defeitos da pedagogia; tratava-se ou de completá-la ou de substituir-se-lhe; tratava-se, em todo caso, de dar uma "formação".

A partir do momento em que a aplicação a si tornou-se uma prática adulta que se deve exercer durante toda a vida, o papel pedagógico tende a se apagar e outras funções se afirmam.

a) Primeiro, uma função crítica. A prática de si deve permitir a eliminação dos maus hábitos e das falsas opiniões que se pode receber da massa, ou dos maus mestres, como também dos parentes e do meio. "Desaprender" (*de-discere)* é uma das tarefas importantes da cultura de si.

b) Mas ela tem também uma função de luta. A prática de si é concebida como um combate permanente. Não se trata, simplesmente, de formar para o futuro um homem de valor. É preciso dar ao indivíduo as armas e a coragem que lhe permitirão lutar durante toda a sua vida. Sabe-se o quanto eram freqüentes duas metáforas: a da justa atlética (estamos na vida como um lutador que tem de se desfazer de seus adversários sucessivos e que deve se exercer até mesmo quando não combate) e a da guerra (é preciso que a alma seja disposta como um exército que um inimigo é sempre suscetível de assaltar).

c) Mas, sobretudo, essa cultura de si tem uma função curativa e terapêutica. Ela é muito mais próxima do modelo médico do que do modelo pedagógico. É preciso, é claro, se lembrar dos fatos que são muito antigos na cultura grega: a existência de uma noção como a de *pathos*, que significa tanto a paixão da alma quanto a doença do corpo; a amplidão de um campo metafórico, que permite aplicar ao corpo e a alma expressões como cuidar, curar, amputar, escarificar, purgar. É preciso lembrar também o princípio familiar aos epicuristas, aos cínicos e aos estóicos, de que o papel da filosofia é o de curar as doenças da alma. Plutarco poderá dizer um dia que a filosofia e a medicina constituem "*mia chôra*", uma só região, um só domínio. Epiteto não queria que sua escola fosse considerada como um simples lugar de formação, mas também como um "consultório médico", um "*iatreïon*"; queria que ela fosse um "dispensário da alma"; queria que seus alunos chegassem com a consciência de serem doentes: "um, dizia ele, com um ombro deslocado, o outro com um abscesso, o terceiro com uma fístula, o outro com dor de cabeça".

3. No primeiro e segundo séculos, a relação consigo é sempre considerada como devendo apoiar-se na relação com um mestre, um diretor ou, em todo caso, com um outro. Mas isso, numa independência, cada vez mais marcada, no que diz respeito à relação amorosa. Um princípio geralmente admitido é o de que não se pode ocupar-se de si sem a ajuda de um outro. Sêneca dizia que ninguém nunca é tão forte para sair, por si mesmo, do estado de *stultitia* em que está: "é preciso estender-lhe a mão e puxá-lo". Galiano, do mesmo modo, dizia que o homem se ama demais a si mesmo para poder se curar sozinho de suas paixões: ele tinha visto, freqüentemente, "titubear" homens que não consentiram em se submeter à autoridade de um outro. Esse princípio é verdadeiro para os iniciantes, mas também para depois e até o fim da vida. A atitude de Sêneca, na sua correspondência com Lucílius, é característica: mesmo sendo idoso, tendo renunciado a todas as suas atividades, ele dá conselhos a Lucílius, mas também lhe pede e se felicita da ajuda que encontra nessa troca de cartas.

O que é curioso nessa prática da alma é a multiplicidade das relações sociais que pode lhe servir de suporte.

— Há organizações escolares estritas: a escola de Epiteto pode servir de exemplo; nela eram acolhidos ouvintes de passagem ao lado de alunos que permaneciam para um estágio mais longo; mas nela também se ensinavam àqueles que queriam tornar-se filósofos e diretores de almas; algumas das *Conversas* reunidas por Arriano são lições técnicas para esses futuros praticantes da cultura de si.

— Há também — e sobretudo em Roma — conselheiros privados: instalados no meio social de um grande personagem, fazendo parte de seu grupo ou de sua clientela, davam conselhos políticos, dirigiam a educação dos jovens, ajudavam nas circunstâncias importantes para a vida. É o caso de Demétrius no meio social de Thrasea Paetus; quando este se mata, Demétrius lhe serve, de algum modo, de conselheiro de suicídio, e ocupa os seus últimos instantes com uma conversa sobre a imortalidade.

— Mas há muitas outras formas nas quais se exerce a direção de alma. Ela vem reforçar e animar um conjunto de outras relações: relações de família (Sêneca escreve uma consolação a sua mãe na ocasião de seu próprio exílio); relações de proteção (o mesmo Sêneca se ocupa ao mesmo tempo da carreira e da alma do jovem Serenus, um primo da província que acaba de chegar em Roma); relações de amizade entre duas pessoas bastante próximas pela idade, pela cultura e pela situação (Sêneca com Lucílius); relações com um personagem altamente situado que reverencia, dando-lhe conselhos úteis (é caso de Plutarco com Fundanus, a quem envia logo as notas que ele próprio tomou acerca da tranqüilidade da alma).

Constitui-se, assim, aquilo que se poderia chamar de "um serviço de alma", que se realiza através de múltiplas relações sociais. O eros tradicional desempenha, nesse caso, um papel muito ocasional. O que não quer dizer que as relações afetivas deixassem de ser, freqüentemente, intensas. Sem dúvida, nossas categorias modernas de amizade e de amor são bastante inadequadas para decifrá-las. A correspondência de Marco Aurélio com seu mestre Fronton pode servir de exemplo dessa intensidade e dessa complexidade.

* * *

Essa cultura de si comportava um conjunto de práticas cujo conjunto era designado geralmente pelo termo de *askesis*. Convém, primeiro, analisar seus objetivos. Numa passagem citada por Sêneca, Demétrius utilizou a metáfora bastante corrente do atleta: devemos nos exercitar como faz um atleta; este não aprende todos os movimentos possíveis, não tenta fazer proezas inúteis; prepara-se para alguns movimentos necessários à luta para triunfar sobre seus adversários. Do mesmo modo, não temos de realizar façanhas sobre nós mesmos (a ascese filosófica desconfia bastante dos personagens que faziam valer as maravilhas de suas abstinências, de seus jejuns, de sua pré-ciência do futuro). Como um bom lutador, devemos aprender exclusivamente aquilo que nos permitirá resistir aos acontecimentos que se podem produzir; devemos aprender a não nos deixar perturbar por eles, a não nos deixar levar pelas emoções que eles poderiam suscitar em nós.

Ora, de que precisamos para poder manter nosso domínio diante dos acontecimentos que podem se produzir? Precisamos de "discurso": de *logoï*, entendidos como discursos verdadeiros e discursos racionais. Lucrécio fala dos *veridica dicta* que nos permitem conjurar nossos temores e não nos deixar abater por aquilo que acreditamos serem infelicidades. O equipamento de que precisamos para fazer face ao futuro é um equipamento de discursos verdadeiros. São eles que nos permitem afrontar o real. Três questões se colocam a respeito deles.

1. A questão de sua natureza. Sobre esse ponto, as discussões entre as diferentes escolas filosóficas e no interior das mesmas correntes foram numerosas. O ponto principal do debate dizia respeito à necessidade dos conhecimentos teóricos. Sobre esse ponto, os epicuristas estavam todos de acordo: conhecer os princípios que regiam o mundo, a natureza dos deuses, as causas dos prodígios, as leis da vida e da morte é, do seu ponto de vista, indispensável para se preparar para os acontecimentos possíveis da existência. Os estóicos dividiam-se segundo sua proximidade em relação às doutrinas cínicas: alguns davam a maior importância aos *dogmata*, aos princípios teóricos que completam as prescrições práticas; outros concediam, ao contrário, o lugar principal a essas regras concretas de conduta. As Cartas 90-91, de Sêneca, expõem muito claramente essas teses. Convém assinalar aqui que os discursos verdadeiros de que precisamos não dizem respeito àquilo que somos, a não ser na nossa relação com o mundo, no nosso lugar na ordem da natureza, na nossa dependência ou independência em relação aos acontecimentos que se produzem. Não são, de forma alguma, uma decifração de nossos pensamentos, de nossas representações, de nossos desejos.

2. A segunda questão que se coloca diz respeito ao modo de existência em nós desses discursos verdadeiros. Dizer que são necessários para nosso futuro é dizer que devemos estar em condições de recorrer a eles quando houver necessidade. É preciso, quando um acontecimento imprevisto ou uma infelicidade se apresenta, que possamos apelar, para nos proteger deles, aos discursos verdadeiros que têm relação com eles. É preciso que estejam à nossa disposição, em nós. Os gregos têm para isso uma expressão corrente: procheïron echeïn, que os latinos traduzem: *habere in manu, in promptu habere* — ter à mão.

É preciso compreender que não se trata, nesse caso, de uma simples lembrança que teríamos quando a ocasião se apresentasse. Plutarco, por exemplo, para caracterizar a presença em nós desses discursos verdadeiros, recorreu a várias metáforas. Ele as compara a um remédio (*pharmakon)* de que devemos estar munidos para evitar todas as vicissitudes da existência (Marco Aurélio os compara à maleta que um cirurgião deve sempre ter à mão); Plutarco também fala deles como esses amigos dos quais "os mais verdadeiros e os melhores são aqueles cuja presença útil na adversidade nos traz socorro"; em outra parte, ele os evoca como uma voz interior que se faz ouvir por si mesma quando as paixões começam a se agitar; é preciso que estejam em nós como "um mestre cuja voz basta para apaziguar o latido dos cães". Encontra-se, numa passagem do *De beneficiis* uma gradação desse tipo, que vai do instrumento de que se dispõe ao automatismo do discurso que, em nós, falaria dele mesmo; sobre os conselhos dados por Demétrius, Sêneca diz que é preciso "tê-los nas duas mãos" (*utraque manu)* sem jamais largá-los; mas é preciso também fixá-los, prendê-los (*adfigere*) ao espírito, até fazer dele uma parte de si mesmo (*partem sui facere*) e, finalmente, conseguir, através de uma meditação cotidiana, que "os pensamentos salutares se apresentem por si mesmos".

Tem-se aí um movimento muito diferente daquele prescrito por Platão, quando pede à alma para se voltar sobre si mesma para reencontrar sua verdadeira natureza. O que Plutarco ou Sêneca sugerem é, ao contrário, a absorção de uma verdade dada por um ensinamento, uma leitura, ou um conselho; e ela é assimilada até que se torne uma parte de si mesmo, um princípio interior, permanente e sempre ativo de ação. Numa prática como essa, não se encontra uma verdade escondida no fundo de si mesma, pelo movimento da reminiscência; as verdades recebidas são interiorizadas por uma apropriação cada vez mais acentuada.

3. Coloca-se, então, uma série de questões técnicas sobre os métodos dessa apropriação. Evidentemente, a memória desempenha, no caso, um papel importante, porém não na forma platônica da alma que redescobre sua natureza originária e sua pátria, na forma de exercícios progressivos de memorização. Gostaria, simplesmente, de indicar alguns pontos importantes nessa "ascese" da verdade:

— Importância da escuta. Enquanto Sócrates questionava e procurava fazer com que fosse dito o que se sabia (sem saber que se sabia), o discípulo para os estóicos ou para os epicuristas (como nas seitas pitagóricas) deve, primeiro, se calar e escutar. Encontra-se em Plutarco, ou em Fílon de Alexandria, uma regulamentação da boa escuta (a atitude física a ser tomada, a maneira de dirigir a atenção, o modo de reter o que acaba de ser dito).

— Importância também da escrita. Havia, nessa época, uma cultura do que se poderia chamar escrita pessoal: tomar notas das leituras, das conversas, das reflexões que se ouvem ou que se fazem a si mesmo; é como ter cadernos sobre temas importantes (o que os gregos chamam de *hupomnèmata*) e que devem ser relidos, de vez em quando, para reatualizar o que contêm.

— Importância, também, do voltar-se para si, mas no sentido de exercícios de memorização daquilo que foi aprendido. É o sentido preciso e técnico da expressão *anachorèsis eis heauton*, tal como Marco Aurélio a utiliza: voltar-se para si mesmo e fazer um exame das "riquezas" que aí foram depositadas; deve-se ter em si mesmo uma espécie de livro, que se relê de vez em quando.

Encontra-se também aí a prática das artes de memória que F. Yates estudou.

Tem-se aí, portanto, todo um conjunto de técnicas com o objetivo de vincular a verdade ao sujeito. Mas é preciso compreender bem: não se trata de descobrir uma verdade no sujeito, nem de fazer da alma o lugar em que reside a verdade, por um parentesco de essência ou por um direito de origem; não se trata tampouco de fazer da alma o objeto de um discurso verdadeiro. Ainda estamos muito longe do que seria uma hermenêutica do sujeito. Trata-se, ao contrário, de armar o sujeito de uma verdade que não conhecia e que não residia nele; trata-se de fazer dessa verdade aprendida, memorizada, progressivamente aplicada, um quase-sujeito que reina soberano em nós mesmos.

* * *

É possível distinguir os exercícios que se efetuam em situação real, e que constituem essencialmente um treinamento de resistência e de abstinência, daqueles que constituem treinamentos em forma de pensamento e pelo pensamento.

1. O mais célebre desses exercícios de pensamento era a *praemeditatio malorum*, meditação dos males futuros. Era também um dos mais discutidos. Os epicuristas o rejeitavam, dizendo ser inútil sofrer antecipadamente de males que ainda não aconteceram e que mais vale exercer-se em fazer retornar ao pensamento a lembrança dos prazeres passados para melhor se proteger dos males atuais. Os estóicos estritos — como Sêneca e Epiteto — e homens como Plutarco, cuja atitude para com o estoicismo era muito ambivalente, praticam com muita aplicação a *praemeditatio malorum*. É preciso compreender no que ela consiste: aparentemente, é uma previsão sombria e pessimista do futuro. De fato, é uma outra coisa.

— Primeiramente, não se trata de se representar o futuro tal como é possível que se produza. Mas, de um modo muito sistemático, imaginar que o pior possa se produzir, mesmo que tenha pouquíssimas chances de acontecer. Sêneca diz isso a respeito do incêndio que havia destruído a cidade de Lyon: esse exemplo deve nos ensinar a considerar o pior como sempre certo.

— Em seguida, não é preciso pensar que essas coisas são passíveis de se produzir num futuro mais ou menos longínquo, mas ter uma representação atual delas, já se realizando. Imaginemos, por exemplo, que já estejamos exilados, já submetidos ao suplício.

— Enfim, se devemos ter uma representação delas em sua atualidade, não é para que vivamos por antecipação os sofrimentos ou as dores que nos causariam, mas para nos convencer de que não são, de modo algum, males reais, e que apenas a opinião que temos delas já nos faz considerá-las como verdadeiras desgraças.

Vê-se bem: esse exercício não consiste em projetar um futuro possível de males reais, para nos acostumarmos com eles, mas em anular tanto o futuro quanto o mal. O futuro: já que temos dele uma representação como algo já dado numa atualidade extrema. O mal: já que nos exercemos a não mais considerá-lo como tal.

2. No outro extremo dos exercícios, encontram-se os que realmente se efetuam. Esses exercícios tinham uma longa tradição anterior: as práticas de abstinência, de privação ou de resistência física. Podiam ter valor de purificação, ou demonstrar a força "demoníaca" daquele que os praticava. Mas, na cultura de si, esses exercícios têm um outro sentido: estabelecer e testar a independência do indivíduo em relação ao mundo exterior.

Dois exemplos. Um em Plutarco, o *Demônio de Sócrates*. Um dos interlocutores evoca uma prática, cuja origem atribui, inclusive, aos pitagóricos. Primeiro, nos dedicamos a atividades esportivas que abrem o apetite; depois, nos colocamos à mesa, frente aos pratos mais saborosos; e depois de os ter contemplado, os damos aos servos, enquanto comemos a comida simples e frugal de um pobre.

Sêneca, na Carta 18, conta que toda a cidade está preparando as Saturnais. Pretende, por razões de conveniência, participar das festas, de alguma maneira pelo menos. Mas, sua preparação consistirá, durante alguns dias, em vestir uma roupa de burel, dormir num leito miserável e se alimentar unicamente de pão rústico. Isso não é para ter um apetite maior para as festas, é para constatar, ao mesmo tempo, que a pobreza não é um mal e que se é totalmente capaz de suportá-la. Outras passagens, em Sêneca ou em Epicuro, evocam a utilidade desses curtos períodos de provações voluntárias. Musonius Rufus também recomenda estágios no campo: vive-se como camponeses e, assim como eles, dedicados aos trabalhos agrícolas.

3. Entre o pólo da *meditatio*, onde nos exercitamos em pensamento, e o da *exercitatio*, onde treinamos realmente, há uma série de outras práticas possíveis, destinadas a nos pôr à prova de nós mesmos.

É Epiteto, principalmente, que dá exemplos disso nas *Conversas*, cujo interesse está em serem alguns deles muito próximos dos da espiritualidade cristã. Trata-se, particularmente, do que se poderia chamar o "controle das representações".

Epiteto quer que estejamos numa atitude de vigilância permanente em relação às representações que podem vir ao pensamento. Essa atitude é expressa em duas metáforas: a do guardião noturno que não deixa entrar qualquer pessoa na cidade ou na casa, e a do cambista ou verificador de moedas — o *arguronomos* — que, quando se lhe apresenta uma moeda, olha, pesa, verifica o metal e a efígie. O princípio de zelar por seus próprios pensamentos, como um cambista vigilante, encontra-se, aproximadamente nos mesmos termos, em Evagro o Pôntico e em Cassiano. No entanto, neles, trata-se de prescrever uma atitude hermenêutica em relação a si mesmo: decifrar o que pode haver de concupiscência nos pensamentos aparentemente inocentes, reconhecer os que vêm de Deus e os que vêm do Sedutor. Em Epiteto, trata-se de outra coisa: é preciso saber se se é ou não afetado ou emocionado pela coisa representada e que razão se tem de sê-lo ou não.

Nesse sentido, Epiteto recomenda a seus alunos um exercício de controle inspirado em desafios sofisticados, que eram muito estimados nas escolas; mas, ao invés de se lançar, uns aos outros, questões para serem resolvidas, serão propostas situações às quais se deve reagir: "O filho de fulano morreu. — Responde: Isso não depende de nós, não é um mal. — O pai de fulano o deserdou. O que achas? — Isso não depende de nós, não é um mal... — Ele ficou perturbado com isso . — Isso depende de nós, é um mal. — Ele suportou valentemente. — Isso depende de nós, é um bem".

Vê-se bem: esse controle das representações não tem o objetivo de decifrar sob as aparências uma verdade escondida e que seria a do próprio sujeito; encontra, ao contrário, nessas representações, tais como se apresentam, a oportunidade de rememorar um certo número de princípios verdadeiros — que dizem respeito à morte, à doença, ao sofrimento, à vida política etc. E, através dessa evocação, pode-se ver se se é capaz de reagir conforme esses princípios — se porventura se tornaram, segundo a metáfora de Plutarco, a voz do mestre que se eleva tão logo rugem as paixões e que sabe fazê-las calar.

4. No ápice de todos esses exercícios, encontra-se a *melete thanatou* — meditação, ou melhor, exercício da morte. Não consiste, com efeito, numa simples evocação, por mais que insistente, de que se está destinado a morrer. É uma maneira de tornar a morte atual na vida. Dentre todos os outros estóicos, Sêneca exercitou-se muito nessa prática. Ela tende a fazer com que se viva cada dia como sendo o último.

Para compreender bem o exercício que Sêneca propõe, é preciso rememorar as correspondências tradicionalmente estabelecidas entre os diferentes ciclos do tempo: os momentos do dia, da aurora ao crepúsculo, são relacionados simbolicamente às estações do ano — da primavera ao inverno; e essas estações são, por sua vez, relacionadas às idades da vida, da infância à velhice.

O exercício da morte, tal como é evocado em algumas cartas de Sêneca, consiste em viver a longa duração da vida como se fosse tão curta quanto um dia e em viver cada dia como se a vida inteira coubesse nele; todas as manhãs, deve-se estar na infância da vida, mas deve-se viver toda a duração do dia como se a noite fosse o momento da morte. "Na hora de ir dormir", diz na Carta 12, "digamos com alegria, com um sorriso: eu vivi." É o mesmo tipo de exercício em que pensava Marco Aurélio quando escreveu que "a perfeição moral consiste em passar cada dia como se fosse o último" (VII, 69). Queria, inclusive, que cada ação fosse praticada "como se fosse a última" (II, 5).

O que faz o valor particular da meditação da morte não é somente que ela antecipa aquilo que a opinião em geral representa como a maior das desgraças, não é somente por permitir que se se convença de que a morte não é um mal; oferece a possibilidade de lançar, digamos, por antecipação, um olhar retrospectivo sobre a própria vida. Considerando-se a si mesmo a ponto de morrer, pode-se julgar cada uma das ações que se está cometendo em seu valor próprio. A morte, dizia Epiteto, pega o lavrador em plena lavoura, o marinheiro em plena navegação: "E tu, em que ocupação queres ser pego?". E Sêneca encarava o momento da morte como aquele em que se poderia, de algum modo, ser juiz de si mesmo e medir o progresso moral que se terá tido até o último dia. Na carta 26, escrevia: "A morte dirá sobre o progresso moral que terei tido... Espero o dia em que serei juiz de mim mesmo e saberei se tenho a virtude sobre os lábios ou no coração."